U0111828

大展好書　好書大展
品嘗好書　冠群可期

武術秘本圖解 5

武松拳譜秘本

原著　陳正裕　金儆生

整理　三武組

大展出版社有限公司

三武挖整組
（排名不分先後）

002

目 錄

第一章
概　論

金　序

　　昔者吾旅食淮陰，識馮鈍耘先生，相與友善，過從甚密。馮氏本淮陰世家，書香相繼，家中藏書極富。暇時輒往假閱，先生亦不靳，每出秘本古籍相示，多生平所未見者。

　　一日，無意於敗簏中得一小冊，才十數頁，剝蝕晦敗，幾不能揭視。中繪人物作武士角力狀，筆致極粗劣，驟視之竟疑塗鴉小兒，從小說中描摩而來者。乃翻閱一過，讀其圖下之詮注，始知為《武松拳譜》，卷首並附有序一、小史一、學拳精言錄等。然半蝕於蟲，僅尋繹而已。

　　乃以詢先生。據先生云，此書不知所自來，但幼

時即見之，以不習武，遂不措意。更以陳正裕、劉遠慎、孫孟漁諸人詢之，亦俱不知，但笑言曰：「武松打虎等事，小說之讕言耳，烏足據為信史；陳劉輩想係矗之迷於武事者，所言亦不值識者一笑耳。」吾更舉《甕邊雜錄》記「武鍾」事為質。先生乃捧腹言曰：「子亦被書蒙蔽矣，《子不語》所載『控鶴監』事，豈真有此手抄之『秘記』耶，特『隨園』造作而欺後世耳；以隨園負一代盛名，尚不免有此，何況彼名姓不彰之陳劉輩耶。」

吾無以難，但以為此書主體在拳技，但求拳法之足以超俗，正不必斤斤於其人其事之考據也。乃向先生借抄其書。先生曰：「我家無習武者，何須此物，子既欲之，即徑取之，何必多勞手續也。」隨以相贈。

吾本好拳技，亦深知有此等拳法，乃物色武技之士以相交，轉輾識十數人。有老武師徐鶴者，深得各家精華，淮陰人之習武者，皆尊為前輩，顧不肯輕易示人以技。一日酒酣，堅請之，始獻「起解拳」，其攻擊騰躍，與譜中所載相同。吾即出拳譜示之。徐鶴驚喜過望曰：「子從何處得此秘本耶？誠有心人哉！吾亦有魯智深、金台等拳譜，願與子交相傳抄也。」

吾隨以武譜畀之，徐亦以魯、金二譜畀余，各錄

其副本而善藏焉。據徐自云，茲三譜者，本皆為彼祖藏，後失武譜，遍訪不得，遂不知落於何人之手；但承祖若父之口講面授，故猶能得其真傳；不意此譜竟轉輾而入於馮氏也。吾謂，此書亦幸而入於馮氏之手，若不幸而入於屠沽走卒之手，且視等破席敗絮，有不拉雜而催燒之乎，又安能保存至今，而復為吾所得也。

自是以後，凡遇南北拳技之士，恒以武、魯等各家拳法為詢，頗有能者。然傳者異法，長短異派，欲求一能與古譜完全吻合者，舍徐鶴而外，鮮乎其不可復得矣。於是，而益信此古譜之可貴，而實於出真傳也。

南歸以後，行且廿載，徒以人事倥傯，終日為衣食所驅，紛忙無已，遂無暇復習此道。斯譜久置篋笥間，韜光晦彩，幾如匣劍之沉囚矣。邇者，國人悟重文輕武積習之非，對於國術極力提倡，蓋深知強身強種之道捨此莫屬，種若不強，何以圖國之存。故武術在表面視之，為鍛鍊體魄之法，在實際上言之，亦圖強圖富之要著也。試觀中國積弱之原因，與受老大病夫之譏誚，非昔時重文輕武之風，有以肇之耶。

方今國人憬悟前非，又經國府要人，極力鼓吹，優於獎掖，而南北武師，又奔走提倡，中華衰微之國

術，大有中興氣象，會見十年之後，國盛民強，一雪病夫之奇恥也。愚不敏，粗得皮毛，固不足以隨諸君子之後，然志奢力薄，亦曷敢自棄。家無藏譜，則亦已耳；今既有之，又安敢自私秘不示人耶，故特付之梓人，公諸同好，俾得廣流傳，庶古代真傳之拳法，不至淪胥泯滅，則吾心慰矣。

臨梓復將得此古譜之經過，記之如次，亦以表馮先生割愛相贈之雅意，與徐教師收藏之苦心也。

己巳初夏，海巫金倣生識

第一節　武松小史

「武松」之名，初不見於傳記，施耐庵作《水滸傳》，於是宋江、武松之名，乃轉輾傳述於屠沽走卒之群，而作酒後茶餘之談助，血氣兒郎甚且效法其所為，而博俠義之名於裡閈間也。

然稗官家言，多憑空架疊，其人其事，固不足視為信史，要亦有所諷托。如施耐庵之《水滸傳》，非根據《宋史》而作乎。

《宋史》載宋江起為盜，以三十六人，橫行河朔間，轉掠十郡，官軍莫敢攖其鋒。由是之言，宋江乃

實有其人，焚殺劫掠，亦實有其事。《宋史》所書三十六人者，指其魁也。於是而我知，所謂打虎武松者，亦三十六人中之一人也。《水滸傳》中所記之事，雖不免繪聲繪色，過事鋪張，要亦非絕無其人，絕無其事也。

尚見孫孟漁《甕邊雜錄》亦記其事略云：武鍾，宋之宿遷人，生而多力，從諸兒習拳技，舉手敗十人，及長技益進，益以天生神力，竟如古賁育也。為人行俠好義，遇不平事，輒拔刀相助，斧鑕當前不顧也。以是鄉曲有鼠雀相爭者，不訴之官而訴之武，武亦辨其曲直，斥言排解之，無敢非議者。聞謀山有虎患，民間苦之，壯士數十人不能捕，獵戶死於爪牙下者亦至多。

武乃屹然持短鐵棍入山伺虎，得其穴，乘其夜出，殺二虎焉，以是而打虎壯士之名噪鄰邑。酒酣耳熱時，鍾亦娓娓談打虎事以自豪也。

先是鍾之失怙恃也，孑然一身，依其族兄嫂為活，兄怯懦無能，嫂則淫悍不婦。其兄以是抑鬱死，臨死握鍾手，謂之曰：「昔人云婦人之心，較蜂蠆為毒，我及今知之矣。子好為之。」遂死。鍾痛絕，疑嫂實鴆兄，乃伺其幽會時，執奸而並殺之，至是遂亡命走江湖，與綠林豪客伍。時值天下紛擾，草莽蠢

動，鍾遂為河朔渠魁云。按此記與《水滸傳》中略有符合處，故疑武鍾即武松也。

唯孫孟漁不知為何時人，而《甕邊雜錄》一書，又不著稱於世，僅於薛君蘅處得睹殘葉，未窺全豹也。此外諸家雜記中，亦有述武松事者，大同小異，唯傳抄略有異同而已。

由此觀之，則武松其人者，亦古代之義士。惜不得於時，未能大用，否則靖邊戡亂，名垂後世，則馨香廟祀之矣。豈其名徒，僅傳述於屠沽走卒齒頰間已哉。

劉師遠慎，以「武松拳法」相授，並出圖譜命筆錄之。既竟，適讀《甕邊雜錄》，乃並其小史錄之。

第二節　武松拳譜之由來

劉師遠慎云：

「武松拳法極多，南北異派，傳者異法，加無定譜，皆由武師之口講面授，以致轉輾相授，遂失本真。此實為各種拳法之通病，蓋各武師對拳中緊要之法，每多自秘，鮮肯傳人；即不自秘，而能繪圖製譜，以傳諸後世者，亦絕鮮其人。」

「河南老武師鄭遲，自幼入少林習藝，歷十有餘

年之久，其技始克告成。又旁及各家拳法，對於南北二派，幾完全得其神髓。晚年退隱蓬廬，無所事事，除督課兒孫習技外，即將各種拳腳刀劍等法，詳細繪圖列說，製成譜本，極為明顯。且各家之獨門法等，毫不隱秘，積數年之功，成譜本若干冊，苦心苦詣，亦煞費經營矣。」

「唯先生命途多舛，忽鄰家不慎於火，先生家隨遭池魚之殃；而數年心血之拳譜若干種，亦不及移出，同付一炬。先生遭此意外，心殊怏怏，遂致成疾。然猶不肯自懈其志，重行製譜。然病已入膏肓，曾不幾時，而竟辭世。其所成之譜，只有數種，後生小子，遂不克睹其全豹矣。其存譜中之最著者，即武松拳譜、魯智深拳譜、金台拳譜等數種也。」

「先生子繼武，亦擅此道，唯早年徹悟，遁跡空門，不復以武事著於世，其各種拳譜，亦不傳於外。直至先祖克恭公與繼武遇於嵩山，傾談款洽，以志氣相投，遂出秘本相視。克恭即錄其副本，攜歸後，按圖習之，果與俗傳者大異，遂善藏之，非至友不相示也。並相誡小子等，謂此種秘本，不易多遇，子孫其永保之，不得可傳之人，勿濫授以辱我門楣也。故此本，除鄭氏子孫中或有藏之者，外間絕無此譜，今以授子，其珍藏之。」

　　小子遂照錄一過，並記劉師之言，以示後世。至
拳經一卷，皆劉師平日所口述，而命筆錄之者，習拳
技者得之，庶可知其經訣之所在，俾依法練習之。蓋
皆劉師一生心得，闡玄發微，既詳且盡，彌足珍貴
也。

　　今並附於卷頭，以資參證。《武松拳譜》，共拳
腳二，棍一刀一，皆精華之所在也。

　　　　　乾隆十二年丁卯春二月，膠東陳正裕謹識

第三節　學拳精言

　　學拳之難，不難於架勢乎，而難於知各拳之應
用，各勢之精微。既知之後，須精心體察，闡發其妙
用，則變化萬端，進退攻守，可以隨機應付，指揮如
意。

　　學拳須先練腿。因腿實為支拄全身之要具，須堅
強有力，始可免動搖之弊。且無論何種步法，著力之
處，亦全在腿，腿若無力，步法必然鬆懈；步法鬆
懈，則根本不固，三盤動搖，拳法縱精，鮮有不受制
於人者。

　　練腿之法，須按日排溜，清晨起身，先排練馬步

法。蓋此步法，實為先天混元之勢，習者雖不用力，而其力自用。兩腿若不用力，則全身立見傾覆，雖欲懶惰，不可得也。

　　拳法有三到：手到、身到、眼到是也。三者皆迅疾，尤以眼為最要。眼若不到，則發拳無的，何以取敵？且敵人拳腳之來，我若不見，何以發拳擋禦？故打拳時須眼望四方，練習習慣而成自然，則與人交手時，亦自能靈敏應付矣。

　　眼固重要，耳朵亦須精靈，所謂耳聽八面也。若遇多人圍攻時，眼力容易有不能顧及之處，則借耳之聽覺以輔助之亦可。蓋眼力不及之處，即我之隙，敵必乘之，我若聞其聲，即可設法架禦矣。至於辨聲，亦非難事，足步騰躍聲，拳掌劈風聲，只須留意，必能聞之也。

　　學拳有三忌：忌躐等、忌粗浮、忌操切是也。躐等志不堅，粗浮氣不固，操切勢散漫。如犯其一，則終身無成功之望，而好勇自恃，易生憤怒，尤為學者之大忌。

　　腿力強而步法固，然後學拳法，分勢熟習，至各勢皆能純熟，更連續而演習之。擷其精微，得其神髓，則爐火純青，已臻妙境，然後定虛實，分陰陽，則可以得心應手矣。

拳法有陰陽虛實，陰陽明而手足得其用，虛實定而攻守得其宜，不患人之乘隙矣。

眼法有三：逼、怒、閃是也。

步法有十一：馬步、弓箭步、寸步、殿步、過步、連環步、分身步、鴛鴦步、滑步、拖步、躍步是也。

手法有二十二：斫、削、磕、靠、擄、逼、擺、撒、剪、分、挑、鈎、綰、衝、倒、壓、撥、擋、殺、攫、插、抓是也。

學拳所以鍛鍊體魄，捍禦外侮，非所以恃強凌弱，好勇鬥狠也。故宜自韜晦，不然好勇鬥狠，固足以自取滅亡，即以技自眩，亦是以招尤肇禍。

學拳如讀書，須闡幽索隱，而發其秘旨，然後融連變化，始得其實用。如數人同學一種拳法，而結果之變化應用，竟完全不同。善用者即最平常之拳法，亦極盡變化，出奇制勝；不善用者默守成法，僅依固定之攻守，此亦猶同讀書，同作一題，而文章各各不同也。古人云，文章本天成，妙手偶得之，我於學武者，亦云然耳。

南北拳派，固然不同，人徒見其表面，如步法之大小、手法之長短耳。殊不知拳腳之所以不同，實基乎南北人之性情互異也。北人性多直爽，故所有拳

法，皆長拳大步，以實力勝；南人性多機械，所有拳法，皆短拳小步，處處緣有含蓄，以機巧勝人，每借敵之力以制敵，所謂四兩拔千斤是也。且諺云南拳北腿，又可見南人重拳，北人尚腿也。

學拳又須練功，拳法雖精嫻，實力不充，不足以取勝，且攻擊固賴乎拳腳，自衛卻須恃於功夫。故北派拳家有打拳不練功、到老不成功之諺。

打拳時於運力之外，尤須善運其氣，一呼一吸，皆須調和。若無節度，在一套拳終了之後，鮮有不氣湧面赤、喘息如牛者，故於呵、噓、吹、嘻等訣，宜之注意也。

學拳技者，最忌酒色，非完全不能近也。所謂忌者，戒其濫也。蓋酒色過度，則可以亂神迷性；色過度則足以喪精散氣。人之一身，精、氣、神三者為主，三者先失其用，則魂魄已離，非僅不足以學拳技，即無論何事，亦都不足以有為也。

學拳技者，最忌動殺機，亦為釋家之戒殺。然所謂戒殺者，戒妄殺耳；若盜匪之侵凌、豪棍之驕縱，凡足為民物之患，而除之足以安良立懦者，則不在此例也。

凡學拳之人，切忌矜炫。非至萬不得已時，切勿自獻，即友朋戚好間，亦切勿濫傳於人。偶一不慎，

傳於非人，非但其人自速其禍，且足以遺玷師門，為人唾棄。

學拳技者，與習文事者相同，最須砥礪氣節，親賢遠佞。須有堅定之志，切不為利祿所牽、虛名所動。若盲然相從，必自誤其終身。交友亦然，此不可不慎也。

學武者，不免廣結友朋，互通聲氣，互求深造，然宜慎擇。每見結納亡命，自厚勢力，甚或為非作惡，與綠林中人為伍而自號俠義者，則不足為訓矣。甯無聞於世之為愈也。

學刀劍棍棒，不如學拳法。蓋一對精拳，隨身來往，刀劍棍棒不能常時攜帶也。然也不可偏廢。拳腳為武藝之基本，宜以為主。刀劍棍棒，為武藝之分枝，宜為之輔，亦如樹之不能單有禿幹，而必有枝葉以輔之也。

拳技家恒自隱其秘傳，不肯傳人，非鳴其高，即自私其秘，故古代拳法皆本真。唯少林門中，或能綿其衣缽，其實如遇可傳之人，盡可相授。

武術之發明者，實非人類，而為別種動物。古人特觀其動物爭鬥之形狀，而演為拳法，如猿猴、鷹隼等是也。今吾人若將各種拳腳之勢，與各動物之動作，相互印證，若合符契，更就其動作，而力加揣

摩，必可發明不少。猴拳為其最著者也。

今所謂某家拳、某家刀者，蓋皆其人所創，而流傳於後世者，然亦不過各家拳腳之精華融合變化，而自成一家。其動作亦不外乎二十二手法，與十一步法，連絡而使用也。

此風不自古，即康熙時通州黃氏之刀、湖州沈氏之棍亦為首創，而自成家派者。吾人若精研其技，而善化之，自創拳法亦非不許之事也。

今世重文，以至士林中視學武為不可訓之事，幾以武人皆非吾徒之慨。殊不知文事武備也，聖人不偏廢，蓋治世為政，固有賴乎文事，而拓疆守土，亦有需於武備也。若常此以學武為可恥，則十百年後，非但中國武術泯沒失傳，行見舉世皆為文弱書生，且為他人乘隙而欺凌之矣。

第二章
鴛鴦腿之練法

第一節　鴛鴦腿之特點

武松拳之鴛鴦腿的特點：

1. 此路拳法，與尋常不同。普通拳法，皆以手法為主，而輔以腿法也。鴛鴦腿則全拳三十二勢，腿法實占多數，蓋以腿法為主，而輔以手法也，此為鴛鴦腿之所以以腿法著也。

2. 此拳之步法，在表面觀之，頗覺散漫，如第五、第八、第十四、第二十五、第二十九、第三十一各勢之架，幾如風中擺柳，搖搖欲仆；然出於迅疾，其固定之足步，卻沉著穩固，此所以為寓謹嚴於散漫之中，故示以人表面之弱點也。

3. 此拳之步法，在注重騰躍，故馬步法在三十二勢中實所僅見，其活潑迅疾，實非他種拳法所能及。

4. 此拳中之腿法，皆具有奇正相生、連絡互用之妙。如第四與第五兩勢、第八與第十一兩勢、二十與第二十三兩勢、二十九與三十一兩勢，以上譜勢，中間雖間以手法，其虛實互用之處，實貫串一氣，鴛鴦腿之各勢蓋亦由於此也。

5. 此拳法之手法，雖云為輔助之用，然其中手法，亦極盡靈活變化之妙。如分水掌、推雲手、流星趕月等各勢，皆足以出奇制勝。

6. 眼法在拳術中本為最要之事，而以此拳為最，蓋此迅速之處，幾為烈風猛雨，眼若遲鈍，即受制於人，故在此拳起手至終，目光幾不容稍瞬也。

7. 身法在動作時，宜乎輕靈；在固定腳步時，宜乎沉著。蓋動作時若呆滯，則全部受其牽制；固定時若不堅實，則三盤支搖，為拳家之大忌。

8. 此外最須注意之處，則全身凌空落地時，兩足須同時著力，使之堅定，方可免敵人乘虛而入，否則必然受制。

9. 拳腿出門時，雖將氣力貫注於攻擊之處；然臂、腕、腿、膝等處，亦宜蓄力，以為退守之用，防備敵人猛力之格架。

10. 凡雙拳併出，或雙掌各出時，眼光除注視於拳掌之外，自己空虛之各部，亦須隨時留意，俾敵人

乘虛入時，即可變換手法格拒之。

第二節　三十二勢鴛鴦腿之練法

一、混元手（起手）

此係起勢。

先全身直立，兩手下垂，手掌貼股，然後用滑步前進兩步。同時，雙手從前面上舉，轉後成大圓，迨兩手從後斜方落至腰際時，緊緊握拳置腰間，兩臂貼肋。目向前看。（圖2-1、圖2-2）

圖2-1

圖2-2

稱為混元手，亦稱護雙腰。蓋鼓氣蓄勢，以待攻擊也。此勢最須注意者，即運用全身之精氣神，而專注於下盤及兩拳。

二、躺步護襠

依上勢。起一騰步；同時，兩手交叉在當面作一大圓，迨垂至胸際時，左足旁出而成躺步，兩手交叉於襠上，拳背向外。頭偏左方，目注於左下，以防敵人之襲擊。（圖2-3、圖2-4）

先用左腳絞於右腳之前斜方，然後提起右腳，同時左腳騰出，右腳即踏於先前左足所踏之處，此即為

圖2-3　　　　　　　　　　　　圖2-4

左騰步。右騰步則相反耳。騰步法在武松拳法中最為常見，故學著須勤加習練，以精熟為妙。

三、犀牛分水

依上勢之目標觀之，則敵人固在於左側，躺步護襠拳，本為蓄勢擊人，或避人攻擊之法。如敵人擊我，我以此勢避過敵人其鋒之後，即可乘隙而入。

即速將上身向左探起，左足向前屈而成弓步，右腿向後躺成箭步。同時，兩手從下泛起，向左右猛力分出，全身向左前方，頭直向左，雙手平掌。（圖2-5）

圖2-5

四、挑　腿

依前勢，不須換步。急收回兩掌，握拳緊貼腰際，與混元手之姿勢相似。同時，左足直立，右足猛力向前挑去。此時全身皆向左方。

挑腿之勢，與飛腿、扁腿、撐腿完全不同，腿須平直前舉，而足背亦須與腿部相平，足尖直向前面。此腿之全力，完全在於足背之前部，不可與其他各勢腿法相混也。（圖2-6）

圖2-6

五、白鶴亮翅

依前勢。將右腿收回，落於左足之後面，急起一

騰步，向右退一步，右手向右斜方作梟勢，左手向左後方作雞爪勢。同時，起左腿向左斜方踢去，此腿專取敵人下部。

　　其法先將腿提至右腿之前，然後從橫側踢出，全力注於足背之外側，蓋此扁腿之變化也。右足直立，上身略斜右，頭向左方。（圖2-7、圖2-8）

圖2-7

圖2-8

六、單掌手

　　依上勢。將左足落下，轉身進步，使全身向右，左足前出成弓步，右足後躺成箭步；在變換形勢之時，兩手交叉在當面劃一大環。待下盤堅實時，右手握拳緊貼腰際；同時，左手更在脅際劃一小環，挽出向斜上方猛力發一側掌，身向左斜方，頭向右前。（圖2-9～圖2-11）

圖2-9

圖2-10

圖2-11

七、釘　肘

　　依上勢。先將全身向右方略作一挫。然後，向右起一騰步，迨右足踏實之後，左足即向前方絞上一步，成為左前絞花步。

　　同時，兩手握拳，提至胸際，高與肩平，左手急將右拳抱定；接著，將右肘從橫逼出，上身亦用力助之，全身向右前。（圖2-12）

圖2-12

八、獅子大開口

　　依前勢。起一後掃堂腿（此腿先將全身存下，然後，用右腿從右側面起，向後旋掃，全身亦隨之向同方向旋轉，以一周為度），迨至原處時，略成馬步，雙手即在當面交叉劃一大環。上身乘勢探起，手至胸前時，向左右分掌；右腿同時先屈提左膝前，然後，向右斜方猛力踢去，此腿用撐腿，全力在足蹠部分，蓋向右用撐推之勢。（圖2-13～圖2-16）

圖2-13

圖2-13附

圖2-14　　　　　　　　圖2-14附

圖2-15

圖2-16

九、丹鳳朝陽

　　依上勢。旋身向後，落下為馬步；雙手先交叉於
胸際。然後，左足屈向右前，右手同時向右斜上方伸
指作抓物勢，左手緊護腰際，此時右手指已握成雞爪
勢撇向後斜方，右足已用半掃堂勢，拖至左足之右斜
前方。隨即，左手用平掌勢向斜上方用力推去，須使
全身力貫於兩臂，推出時力聚左掌腕，可緩緩行之。
（圖2-17～圖2-19）

圖2-17

圖2-17附

圖2-18

圖2-19

十、單撐腿

　　依上勢。先將全身向後一存，再將雙掌收回至正中，左手向右上斜下，右手向左下泛起，各在旁側劃一大環。然後，左足提起，膝平於臍，右足直立，左腿即從正中面向前撐出，足部略向上方，足蹠向前。此時雙手在起花落下後，即平捘於腰間，掌心向下。此為襲取敵人中路之勢。（圖2-20、圖2-21）

圖 2-20

圖 2-21

十一、餓虎撲食

依前勢。先將上身扭轉，使之仍向前面，然後，將左腿之力，完全貫於足跟，猛向左斜下方靠去，全部仍須挺直，至與右腳所立處相平時，即踏於實地，成為向前躺步。同時，左右手握拳，向本方向起一攬花，迨全身下撲時，右拳護腰，左臂從前方向斜下方劈去，至躺腿之後上方為度。（圖2-22）

圖2-22

十二、前衝拳

依上勢。先將上身向上略提，然後，將躺出之步，使與尋常弓箭步之大小相等，至於此再將左足前

屈，右足挺直，而成為左前向之弓箭步。同時，全身旋向左前方，左拳在本方挽一小環，護住左腰；右拳在本方挽一小環，向前衝出一拳，拳口向左，掌心向下。（圖2-23）

圖2-23

十三、獨立朝崗

此係掌腿並用之拳法，即進步挑腿也。

依上勢。先將左腿直立，右腿同時將至左足之前斜方，用足尖點地，上身下存，成為寒雞步，然後，急將右拳收回，緊緊護腰際。同時，左手向正前方發一側掌，迨臂平直時，左腿霍然挺起，右挑腿即從後

踢出，以攻擊敵人中路。

　　此係虛實相法，使對手防上路之掌，而不注意於
中路之挑腿也。（圖2-24、圖2-25）

圖2-24

圖2-25

十四、金雞刷翅

此為轉身之拳法。

依上勢。先將挑腿落下，乘勢踏進一步，然後，將左掌在前方挽一小環，從左向右方猛力一推。同時，左足從後提起，置於右腿處，全身左轉向後方；右手握拳，泛至左側，蓄力向右側橫擂，此拳著力處，全在拳背。此時身向後斜方，頭與右拳則同其方向，左掌置右肩處。（圖2-26、圖2-27）

圖2-26

圖2-27

十五、流星趕月

此係左右拳連續擊取敵人頭部之法。

依上勢。先將左足斜開一步；同時，左手握拳，從橫擂去，成為左側弓步之擂拳。此拳擂過之後，急收回右足，急速起一騰步，使全身轉向前方；同時，右拳從下面泛向左肩處，然後猛力向右橫擂。此拳須迅疾行之，使敵人避過左擂拳之後，不及顧慮及此。（圖2-28、圖2-29）

圖 2-28

圖 2-29

十六、霸王敬酒

依上勢。左足向左移開一步，轉身向左；兩手當面交叉挽一大花。隨即，起一騰步，變蹲步而為左前弓步；左手握拳護腰；右拳從斜下方泛起，直向左上方衝起。此勢拳口向上，故全力皆注於此，蓋即用拳擊取敵人下齶之法。（圖2-30、圖2-31）

圖7-30

圖7-31

十七、寸　腿

此係進步寸腿，亦掌腿並用、虛實相乘之法，與獨立朝崗勢相反。蓋彼則掌虛腿實，此則腿虛掌實也。

依上勢。先將右拳收回護腰；同時，左足直立，右寸腿即向前方踢去，以襲人之下路。此腿踢出之後，不須收回，左手之掌，繼續向前發出，以襲人之上路。此時全身向左斜方。（圖2-32）

圖 2-32

十八、側衝拳

此係馬步右側沖拳，專攻敵人腰部者。

依上勢。先將後寸腿踏前一步，然後，左足絞至右斜方急起一騰步，翻身向後。同時，左掌收回挽一小環，緊護左腰；右手握拳從肋間挽一小環。此時兩足在騰步之後落平為馬步，此拳即向右側平

衝而去，全身向後，頭向右旋，拳背向右後，拳口朝
天。（圖2-33、圖2-34）

圖2-33

圖2-34

十九、寒雞獨步

此為蓄力誘敵勢，乃以守為攻之法。

依上勢。先將左足向後斜拖至右足跟後，約距離一步半處踏實，然後，將右足收轉至距離左足尖斜方半步處，用腳尖點地，變為寒雞步。同時，兩拳從左右脅間，向後挽出，再從兩側轉前，劃成一平面

圖2-35

之大圈，至胸際時，兩小臂交叉緊護前部，右臂在外，左臂在內。（圖2-35）

二十、雙飛腿

雙飛為兩腿齊起，全身凌空之勢。

依上勢之蓄勢。先將殿步之右腳落平，然後，將全身下沉，乘勢上湧，先起左腿挑，迨其落下少許，尚未著地時，右腿即繼續飛起。此飛腿之全力，專注於足尖，蓄意攻擊敵人下齶之法。全身凌空時，兩臂

圖2-36

略向前後盪動，以鼓
其勢，上身挺直，左
足下垂。（圖2-36、
圖2-37）

圖2-37

二十一、單鞭勢

乘雙飛落下之時，先向右方作一右前弓步，急發左側掌向前一掌，迅即收回，左足亦收至右足之前。成為同一方向之步法，中間距離約一足之長度，與牙牌中長三形相似。在收步旋身之際，兩手在當面作一大雙環之夾花，迨上身向前時，左手即向下斜方力斫，至後方作雞爪勢；右手向斜上方猛力梟去，略似側掌勢，上身略向右斜。（圖2-38、圖2-39）

圖 2-38

圖 2-39

二十二、截龍勢

依上勢。先將左足拖向右足跟之後；同時，右足亦即轉變方向，兩足尖皆向左方。在轉身之際，右掌先平置左脅部分，用力向右剪截，至與頂平為度。右掌外截時，左掌已平舉於左，急向懷中環抱截回，而右掌即平垂護腰，左足即成殿步。此時全身皆向左方。（圖2-40、圖2-41）

圖2-40

圖2-41

二十三、鷂子翻身

此勢即旋風之全轉，亦兩足同起，全身凌空之勢也，但與雙飛等完全不同。

依上勢。先將左足之殿步踏實，全身向下一沉，先將左足向外旁踢一扁腿，迨其落下未著地之際，雙手力向左撤擊，以鼓其勢。同時，右腿即起於空中，上身用力向後一仰。此時右足即可從空中向左迅疾掃去，使全身作一度之旋轉也。此腿全力皆注於右足之內旁。（圖2-42～圖2-44）

圖2-42

圖2-43

圖2-44

二十四、雙定膝勢

依上勢。當鷂子翻身落下之後，急須乘勢踏一右弓左躺步；兩掌相合，指尖先向上衝，至過頂門為度，然後，運全力於掌，向下直劈，上身亦同時沉附下，雙掌至右膝高度相同而止。接著，再將左足收上一步半，變為馬步，雙掌握拳，置於兩膝之上，拳口向外，拳心向上。（圖2-45～圖2-47）

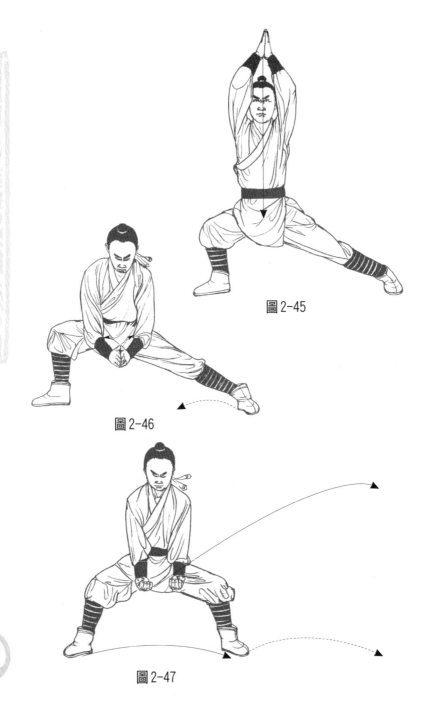

圖 2-45

圖 2-46

圖 2-47

二十五、聲東擊西

此勢合撤、斫二手為一，攻守相應之法也。

依上勢。先將右足絞至左足斜方起一騰步；同時，將右手向左一撤。迨右足踏實時，左足向前斜搭一步，左手上梟，右手即從左臂之下向右及下方用力一斫，頭向右後方，上身挺直，膝則微屈。（圖2-48、圖2-49）

圖2-48

圖2-49

二十六、披袍獻甲

此勢為長步釘肘。

依上勢。右足再向左足尖前絞進一步，兩手先向頂門上交叉，右手背貼左掌心。然後起騰步，左足上提時，雙手即向下在膝上劈開。及騰出一步後，左掌握住右掌面，向右轉身，將右肘用力向左逼出。此時步成右前弓步，全力向左方。（圖2-50～圖2-52）

圖2-50

圖2-51

圖2-52

二十七、靈獼護腦

此亦為寸腿中之一勢，以足尖取人下路之法也。

依上勢。左足先向前進一步；同時，兩手撒開，從外方向腰間挽一小環，用拳背以蟹殼勢下擊，肘部緊貼腰際，小臂前平直，與肩胛成三角形。然後，將左手上梟，拳置頂門上，距離三四寸之地位（1尺≈33.33公分，1寸≈3.33公分，後同）；同時，右腿向前踢出，力注腳尖，右足與膝之高度相等。（圖2-53、圖2-54）

圖 2-53

圖 2-54

二十八、順水推舟

此為拳掌互用之法。

依上勢。先將右足踏進一步，將護腦之拳落下，從外向腰間挽一小圈，向前猛力一衝拳；此時下體成為右前弓步。左拳衝足，即行收回。然後，左足再跟進一步，變左前弓步；同時，左拳護腰，右手向前作平面掌，手如推拒狀，與推雲勢略似，不過彼側此正耳。（圖2-55、圖2-56）

圖2-55

圖2-56

二十九、翻身探果

此為右後撐腿，蓋在旋身退步，乘敵追擊時，用
以乘人不備之拳法。

依上勢。先將左足拖向後面，再用右足絞向左膝
彎後一步，然後，左足再如上法退一步，兩手叉住腰
部，以固其力。

左足直立，右腿略向前一提，乘勢向後斜方猛力
撐出。此時上身略傾於左，頭向右斜方，全力聚於右
足蹠。（圖2-57、圖2-58）

圖 2-57

圖 2-58

三十、合盤手

此勢為擄、切二手合而為一者。

圖2-59

依上勢。收回右撐腿，急絞步於左膝彎後一步；同時，轉身向右方，左足稍退半步；右手即從腰間挽出，向左方盤至右方，作擄物勢，以二三度為止。迫右擄手將畢時，左手亦照樣從腰間挽出，側掌於胸際，然後，運全力於掌側，從正中向下猛力切去。此時全身向右。（圖2-59）

三十一、脫袍讓位

此為陰陽腿法，挑撐互用，前後相應，最為勇猛。

依上勢。收回雙手；同時，向左起一騰步，落地為寒雞步，將身向下一沉，急在正中起一右挑腿。待右足落下，即前進一步，連做一寒雞獨步勢。（圖2-60～圖2-62）

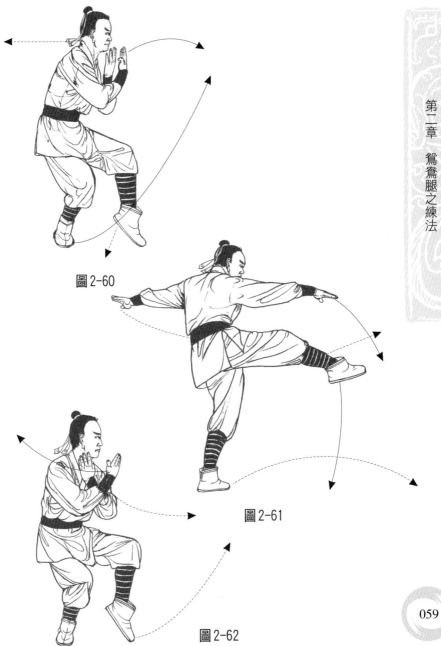

圖 2-60

圖 2-61

圖 2-62

然後，湧身立起，兩手側掌向左右猛力分去。同
時，左足急起一腿，向後斜方踢去。唯此腿不用撐腿
而用鞭腿，須加注意，上身略向斜傾，頭向左方。
（圖2-63）

圖2-63

三十二、抱虎歸山

　　此為殺手，右梟左攔之法也。
　　依上勢。收回拳足，變為正前寒雞步。（圖2-

　　急湧身上躍，起一全周之旋風；落地後連做一前
向之旋掃；待身體至正面時，再騰一步向左。同時，
左手向右脅下攔入，如抱物狀；右掌則從下往上梟至
頂門，作護腦勢，拇指向下，掌心向外；全身向前，
足作右弓左躺箭步。（圖2-65～圖2-69）

圖2-64

圖2-65

圖2-66

圖2-67

圖 2-68

圖 2-69

此殺手本為收勢，以後並無別勢拳法矣。故打至此勢終了時，即收回左腿全身立直，依第一勢混元手之動作，退後兩步收拳。（圖2-70、圖2-71）

圖2-70

圖2-71

第三章
起解拳之練法

第一節　起解拳之特點

此拳係武松起解遠戍，途經飛雲浦時，公差欲置之死地，被其覺察而出手爭鬥之拳法，故名之曰「起解拳」。

武松之流配，此已為第二次，前次路途無事，故未有拳法傳出也。

此拳既為起解時所傳出，當時枷鎖在身，雙手不能自由，故十三勢以前，皆用腿法；至十三、十四兩勢脫銬劈枷之後，始用手法。十三勢以前，即用拳掌時，亦只雙手並舉之數法耳。

此拳約可分為兩段。十三勢以前，為「連環鎖子腿」；十三勢以後，則為「脫銬手」。有以此拳統稱「武松脫銬」者，誤也。

在十三勢之前，雙手既然被銬，故吾人學習此拳時，雙腕雖並無銬械所縛，然亦應體會其意。開打時須雙手緊貼，不可鬆懈；否則，反不能力充氣沛也。

習起解拳，與習鴛鴦腿無異，亦宜以排練腿法為先著。蓋十三勢之前，固完全重腿法，然十三勢之後，其重用於腿法者，亦與拳法相等，故首宜注意也。

人有以武松之拳法為南派者，其實大誤也。若觀其長拳大步，直行直退，並無絲毫機械之動作，即可知其實為北派也。而諺有南拳北腿之語，亦可言其並非南拳也。

此拳之步法，比鴛鴦腿略為整齊，一則酒後，一則清醒時也。唯上半路之腿法，亦陰陽互用、連絡不斷，與鴛鴦腿大略相似，此亦可見武松拳法以腿法為特長也。

此拳宜迅速，蓋當時武松打此三十六勢，固一轉瞬間事，一氣貫注，如水決閘，非若鉤手以及內家各種拳法，紆徐婉轉，以靜制動取勝於人也。若一遲緩，立失精神，即足以受人之制也。

欲習起解拳，宜先從鴛鴦腿入手，則腿法既純熟，再變化而生發各種拳法，自能臻化境。習武功者，若將一套鴛鴦腿練精，則其他拳法亦將能迎刃而

解也。

內家拳尚氣，外家拳尚力。此亦外家之宗派，故首重實力，氣力不充，無能臨敵，蓋實力充，而神氣足。神氣既足，非但一舉一動，一拳一掌，皆足以制人；即聲之一揚，目之一視，亦可懾人氣焰，使敵人震驚怯走。故練拳技者，尤須先練實力。

第二節 三十六勢起解拳之練法

一、起 手

此拳係武松起解時所打，當時雙手被銬，故上數勢皆用腿，雙手相交叉，表示被銬之情狀也。

此拳起手時，並不用玉帶圍腰及混元手等家數，但就原立地位，前進兩步。同時，兩手交叉於胸際，全身直立，右臂在外，左臂在內；兩目前視；兩足趾向斜方，足跟緊緊相靠。（圖3-1、圖3-2）

圖3-1   圖3-2

二、金蛟截月

依上勢。先將右足絞至左足之前斜方，換出左足，在原處跺一腳，騰步向右，成為正前面之躺箭步，右膝右屈，左腿挺直。同時，將交叉之兩手，先向上方一衝，然後，借肘與小臂之力，猛力向下一挫，至當胸為止。此時上身直向前面，兩拳與兩小臂成為十字形。（圖3-3～圖3-6）

圖 3-3

圖 3-4

圖 3-5　　　　　　　　　　　圖 3-5 附

圖 3-6　　　　　　　　　　　圖 3-6 附

三、驚隼穿雲

此為單飛腿，專取敵人腎囊之法。

依上勢。收回左腿，絞於右足之斜方，起一連環步（此步法即於第一騰步落穩之後，再用右足絞於左足前方，連起一個騰步也），連向右方進展兩步。乘勢將交叉於胸際之雙手，向右斜方猛捧一下。順勢翻身向左，飛起右腿，此腿之力，大部注於足尖，蓋用足尖取人腎囊也。（圖3-7～圖3-11）

圖3-7

圖3-8

圖 3-9

圖 3-10

圖 3-11

四、雙衝拳

普通之雙衝，兩拳並舉與肩平，兩拳心相對，拳口向上。但此拳以雙手相靠，故其勢略異也。

依上勢。將右足踏進一步，從左後方旋身向右，不須換步，但將左膝前屈，成為右方之正前弓箭步；同時，兩拳略作一挽，急猛力向前衝出。此時全身向右。（圖3-12、圖3-13）

圖3-12

圖3-13

五、單挑腿

此腿與第三勢不同,蓋彼為飛腿,全力注於足
尖;此為挑腿,全力須注於足背也。

依上勢。連用兩滑步前進(此步先將在後之足,
拖至在前之足跟後,然後,在前之足向前滑進一步,
如此為一滑步)。然後,乘前之勢,雙拳向左斜下方
一捽,右足同時上挑,足背須與膝腿成平線。此為取
人下齶之法。(圖3-14~圖3-16)

圖 3-14

圖 3-15

圖 3-16

圖 3-17

六、泰山壓頂

此為從上擊下之勢。在別種拳法中,則雙掌相握,右上左下,用左手背下擊;此則用兩臂相靠處下擊也。

依上勢。右足踏前半步,全身先向下一沉,乘勢上躍,使全身凌空;同時,雙拳向上衝,舉過頂門。然後,翻向下方,乘身下壓之勢,用力猛擊;兩足落地後,即變為正前躺箭步。(圖3-17～圖3-19)

圖 3-18

圖 3-19

七、雙擷驪珠

此為取敵人下齶之拳，即霸王敬酒之化法，不過彼用單拳，此用雙手耳。

依上勢。先將上身移之偏挫於左方，右膝挺直，左膝屈向左方；同時，將向下之雙拳，移而向上。然後，將雙肘向左上方探起，兩拳亦乘勢從下衝起，高與鼻平；此時全身向左，成為左前弓步。（圖3-20）

圖3-20

八、單撐腿

此腿與飛挑各種腿法，又不相同。蓋此專用足蹠撐拒之力，以取人之中、下各路也。

依上勢。將左腿置於右腿後面一步之處，連用二拖步向後倒退（此步法先將在後之足移一步，然後，將在前之足，拖至在後之足尖處，如此為一步，與前進滑步恰相反）。以敵人來攻，遂提起右腿，猛力向前撐去。（圖3-21～圖3-24）

圖3-21

圖3-22

圖 3-23

圖 3-24

九、寒雞獨步

此為以守為攻之法。

依上勢。先將右腿落下，前踏一步；同時，雙拳向左方平摔一下。上身即乘勢從左旋轉，左足向後拖一步，置於右足跟之後面，迨其踏穩，右足即改為殿

步；上身下沉，雙拳縮置胸際。此時全身向左。（圖
3-25、圖3-26）

圖3-25　　　　　　　　　圖3-25附

圖3-26

十、雙飛腿

此為兩腿同起之勢。

依上勢。先將右殿步踏平，全身猛向下一沉，乘勢上躍；同時，將左腿向上飛起，迨其行將落下，而未著實地時，右足即繼續飛起。兩腿虛實相乘，使人不及防備，此勢注力於足尖。兩臂緊掛胸部，以固其力，全身凌空，起落時之腳步，極易動搖，切須注意。（圖3-27、圖3-28）

圖 3-27

圖3-28

十一、撩陰腿

此亦取敵人腎囊之法。

依上勢。待雙飛腿落地時，上身向下一俯，兩拳略向下一捺，與撲腿相似，全身向右方。然後，將右腿做後半掃堂腿（此腿與前掃堂相反，蓋用足跟向後面掃去，以半為度），全身亦乘勢旋向左方。隨即，右足立直，兩拳向右斜下方猛力一捽；左足即向前踢出，力亦注足尖，唯略帶蓄勢，不似飛腿之踢得高也。（圖3-29～圖3-31）

圖 3-29

圖 3-30

圖 3-31

十二、雙衝拳

此手與第四勢略同，方向亦相等，唯彼為左弓右箭步，此乃右弓箭步耳。

依上勢。左足外擺而後落於左，向左轉身，成平行步，然後，將兩足滑步前進，成右弓步；雙拳略在當面挽一小圓，猛力向前衝擊，全身向左方。（圖3-32、圖3-33）

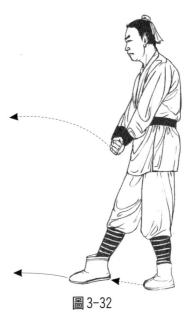

圖3-32

圖3-33

十三、脫鋯手

此即下劈手，蓋前十二勢雙手被鋯，至此始用劈手將鋯脫去也。

依上勢。先將右足直立；同時，將手向上高舉，架於頂門之上。然後，將左足向前提起，膝平於臍；急將上舉之手，翻向下方，猛力向膝蓋一劈，作劈去手鋯之勢。兩手至此，即向左右撤開，故以後各勢，拳腳並用矣。（圖3-34～圖3-36）

圖3-34

圖3-35

圖3-36

圖3-36附

十四、劈枷勢

　　手銬除而兩手可以隨意攢打，而頭上之枷鎖，
亦甚礙手，此即劈開枷鎖之勢也。

　　依上勢。將左足落前一步，右腿即向右斜方躺
出半步；同時，兩掌相合，作童子拜觀音勢，指尖
向上沖起，至高與頷齊時，即向左右分開。然後，
右手捽向後方作雞爪形，左掌高舉斜上方，上身向
右。（圖3-37～圖3-39）

圖 3-37

圖 3-38

圖 3-39

十五、連環鎖子腿

此為用右撐腿取身後敵人之勢（後右撐腿）。

依上勢。先將右手背向左掌心一拍，乘勢從左方旋身，兩手在當面交叉劃兩大圓花，旋至後方時，暫作馬步，用左拳向旁猛發一拳。然後，將右足移至左足尖前半步處，雙手交叉於胸際。再將全身直立，雙掌向左右併發，右腿乃猛力向後斜方撐去。所謂連環鎖子腿者，合下勢而言之也。（圖3-40～圖3-43）

圖 3-40

圖3-41

圖3-42

圖3-43

十六、連環鎖子腿

此為襲取斜側敵人之勢（側左飛腿）。

依上勢。不須騰步，先將右足橫踏一步，此時雙手仍收回交叉胸際。全身向下一挫，然後上升；兩掌先向前一推，接著向左右兩側分去（此為分水掌，與前勢之左右側掌不同）；同時，急飛起左腿，向前斜猛力踢去，以取敵人之中部，上身略偏於右，頭與腿同其方向。（圖3-44、圖3-45）

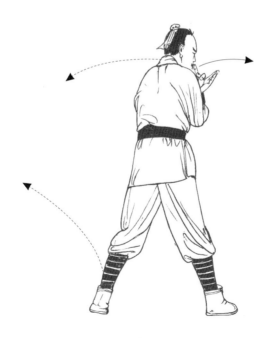

圖3-44

圖 3-45

十七、單鞭勢

此與鴛鴦腿之二十一勢完全相同，唯轉身時之步法略異耳。

依上勢。將左腿落下，全身下撲；同時，右腿向左前做一半掃堂（此係用足尖向前橫掃者，與第十一勢相反）。待至前面時，再起一踩步，將左腿騰至前方；同時，兩臂在當面挽一大圈，右手上梟，左手後斫為雞爪勢。（圖3-46～圖3-48）

圖 3-46

圖 3-47

圖 3-48

十八、右衝拳

此與鴛鴦腿第十二勢相同。

先將左足移至前方，急起一騰步轉身；同時，右手下摔，左手平攔。迨全身轉左方時，左足前屈而成弓步，右腿後挺為箭步；同時，左手握拳護腰，右拳向前衝擊。（圖3-49、圖3-50）

圖3-49

圖3-50

十九、白虹貫日

此為聲東擊西，取敵人頭部之法。

依上勢。先起一向右之騰步；同時，收回衝拳，從左旋身向正後方。先用右手在脅下由內向外挽一小圓，向右旁虛發一側掌，略一晃即收回；再向左方騰一步，急用左拳從下泛至右肩平處，猛力向外橫搖。（圖3-51～圖3-53）

圖3-51

圖 3-52

圖 3-53

二十、雙龍入海

此即雙插手，取敵人腰部之法。

依上勢。用連環步從左旋轉，翻身向前方，成為撲腿勢，右足屈而左腿躺；上身附於右膝處，兩手緊接右足尖處之地上。然後猛力一捺，上身向左方衝起；同時，右足移前一步，成為弓步；兩手翻轉朝天，向前並刺，此勢全力注於指尖。（圖3-54～圖3-57）

圖3-54

圖3-55

圖 3-56

圖 3-57

二十一、回風潑水

　　此亦轉身時先發制人之法。

　　依上勢。收回雙插手，用拖步向右後方退一步，
先將上身沉下，右足尖點地，略作寒雞獨立勢。兩手
交叉於胸際，左內右外，然後，全身探起，右手向後

摔，左掌向上梟；同時，用鞭腿向外踢去（此腿完全用足背之全力取人，踢出須注意帶蓄勢，以作退步）。（圖3-58、圖3-59）

圖 3-58

圖 3-59

二十二、雙風貫耳

此係用釘子拳取人兩腦門之法，亦稱為蜜蜂進洞，為拳法之殺手。

依上勢。先將右足落下，踏於左足之前，全身向後方，成為右前弓步；同時，雙拳向前一衝擊，遂向左右撒開，上身即隨之從左旋向正前，不須移動步子，但變為左前弓步耳。此時全身已向前方，兩拳已從腰間挽出，用釘子拳向敵兩太陽穴猛擊。所謂釘子拳者，即用手指第二節骨擊人也。（圖3-60～圖3-63）

圖3-60

圖 3-61

圖 3-62

圖 3-63

二十三、白猿獻果

此與霸王敬酒勢相似，不過彼用拳口上撮，此則亦用釘子拳上衝也。

依上勢。先將右足從後拖至正左方，然後，用兩手當面挽一大花，足成左弓右箭步。先將左拳迎面一晃，迅即撇向後面作雞爪形；同時，右拳從下面向前上方泛起，向敵人下顎衝擊，拳背向外，掌心朝己，手指中節骨則向上方。（圖3-64、圖3-65）

圖3-64

圖3-65

二十四、海底掀波

此勢與第二十一勢略同，不過彼為翻身之鞭腿，此則為進步之單飛也。

依上勢。先將左足收至右足跟處，兩手即向左右原位同時起一大花；迨至胸際交叉，即將右手上梟，左手下斫，左腿乘此鼓勢，即迅向前方飛出一腿。（圖3-66、圖3-67）

圖3-66

圖3-67

二十五、毒蛇吐信

此為單插手，專取敵人咽喉之法。

依上勢。先落下左腿，再用滑步前進一步，繼續起一踩步，成為左前弓步；同時，左拳略向旁虛晃一下，即收回緊護腰際。此時右掌已從腰間挽出，猛力向前斜上方衝刺，掌心向下，掌與自己之咽喉相齊。（圖3-68、圖3-69）

二十六、後側衝拳

此係側衝之拳法。

依上勢。先將右足拖至正左方，與左足距離一足

圖3-68

之處踏實；隨即左足進一步。同時，右掌握拳收回護
腰，上身左旋；其原來護腰之左拳，即向旁側猛力衝
擊；足成左方之馬步，頭與拳之方向相同。（圖3-
70）

圖3-69

圖3-70

二十七、漁郎撒網

此勢簡稱撒手，防避敵人之抓擒等勢之法也。

依上勢。先將右足絞至左足之後，左足騰出一步，同時，雙掌向左方之斜上，略作一衝刺。此時左足已踏實弓步，右腿躺出成箭步。雙掌乘上衝之勢，反手向右方之下斜面撒去，掌心斜對。（圖3-71、圖3-72）

圖3-71

圖3-72

二十八、順步勾攔

此為左勾右攔，攻守相應之法。

依上勢。雙掌不須收回，乘下撤之蓄勢，反手向正右方平面削去；全身即隨之旋轉，左足用半掃堂勢移至前方，成為馬步。至斜方時，左手即用腕部向斜做一勾搭；右拳從下泛至左肘間，然後從橫向側旁攔截。（圖3-73～圖3-75）

圖3-73

圖3-73附

圖 3-74

圖 3-75

二十九、推窗望月

此勢與順水推舟勢略似，唯彼用弓箭步，此則用
寸腿也。

依上勢。先旋身向左，兩足直立，將外攔之右

拳，收回護腰，左掌即向外推出，掌心向前，指尖向右，推至平肩為度；同時，右腿即向前踢出，力注足尖，與單飛腿同，唯與左膝高度相等，較單飛腿踢得低下一半。（圖3-76）

圖3-76

三十、黑虎攢心

此為防後擊之拳法，專取敵人之胸部，卻故作退步而誘敵也，亦如槍法之有回馬槍。

依上勢。先將右足踏前一步，再將左足絞入右斜方，起一騰躍步，向左方假退。待右足踏實時，左掌

向右肩處向上衝刺，右拳此時已從腰間挽出，向旁側
猛力擊去。（圖3-77、圖3-78）

圖3-77

圖3-78

三十一、二龍戲珠

此為連續擊敵人頭部之拳法。與鴛鴦腿中之流星
趕月勢，微有不同，彼則左拳向右方，右拳向左方，
用拳背橫搖；此則向同方進攻，左手拳背，右手拳心
也。

依上勢。先踏開左足，起一飛騰步轉身向正前

方。在旋身時，左拳背從橫攝去，右拳心亦同時向左
橫擊，全身向前，頭偏右。（圖3-79、圖3-80）

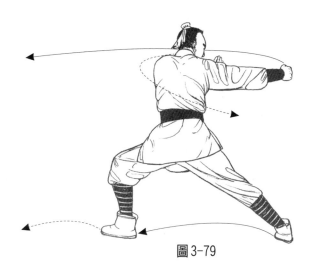

圖3-79

圖3-80

三十二、仙掌排雲

此為雙推手，用以排開當面之敵人也。

依上勢。先將雙拳收回變為掌勢，交叉胸際，身下沉略作寒雞步，然後，踢一雙飛腿。待兩足落地時，左足退後作箭步，右足前屈作弓步；同時，雙掌自左右脅推出，用力向前推去，兩拇指相對，掌心向前指尖向上。（圖3-81～圖3-84）

圖3-81

圖3-82

112

圖3-83

圖3-84

三十三、黃鶯卸甲

此與鴛鴦腿之第二十勢相同，唯彼轉身步，此則
連進滑步也。

依上勢。先將雙掌收回，合掌於胸際；隨即，用滑點步連左掌握住右拳，將右肘猛力逼出。此時全身向右方，上身挺直。（圖3-85～圖3-87）

圖3-85

圖3-86

圖 3-87

圖 3-88

三十四、寒雞獨步

此與鴛鴦腿之第十九圖相同，唯彼向側方，此向前方耳。

依上勢。撒開釘肘，略略旋身；雙掌向上，從腰間向後勒去，從左右挽至前面，即行交叉，右內左外；同時下沉，足作寒雞步，全身向正前方。（圖3-88）

三十五、鷂子翻身

此為全身凌空之旋風全周勢。

依上勢。將左足殿步踏實，身略一沉，左足即向外旁踢一鞭腿，雙手左右撒削鼓勢；同時，右腿即起於空中，上身向後一仰。右腿乘勢凌空向左掃去，使全身旋轉一周，與鴛鴦腿第二十三勢相同。（圖3-89、圖3-90）

圖3-89

圖3-90

三十六、開天闢地

此為殺手勢，乃上梟下衝之法。

依上勢。待旋轉一周落地後，右膝前屈，左腿置
於右膝彎後，跪步於地。同時，左手握拳，向上猛

117

梟，拳口向下，拳心向外；右手亦握拳，乘跪下之勢，向下猛擊一拳。即此收拳。（圖3-91、圖3-92）

圖3-91

圖3-92

第四章
打虎棍之練法

第一節　打虎棍之特點

棍為諸藝之祖，即十八般武藝中所謂「殳」也。其法最著者為少林棍，外間絕少流傳。此種棍法，為武松打虎之各勢家數，故稱為「打虎棍」。

用棍較其他武器為便利，精嫻其法，一旦有意外之變，門栓、扁擔，或在山林之中亦可折木為棍，以應急需。用棍法臨敵以制之，不必如他種武器，必須隨身攜帶也。

棍之好處全在於首尾互用，長短得宜，而使用時，宜於迅疾，須如烈風猛雨，翻濤掀浪，使人不知其目的所在，力攻敵人之隙。

舞棍時兩眼最須留意，既須顧棍頭，又須顧棍尾，而敵人之兵器不可須臾忽略。

使棍時，手法有合盤、陰陽、單提之分。兩拳口相對者為合盤手，此棍著力處在中央，而棍之兩端略一絞攪，即可隨意攻人。兩拳口趨同一方向，而掌心一上一下者，為之陰陽手，此棍之著力處則在棍頭。至於單提手，則以一手握棍，而攻擊敵人之法也。

使棍時之步法，本極騰挪，此棍為武松與虎力鬥時之家數，故尤為縱跳不定。

別家棍法，每勢必帶蓄勢，蓋以防人之乘隙；唯此棍則不然，處處用全力相撲，故長手獨多，且每用騰挪大步。蓋在打虎之時，一心殺虎，怒氣已盛，故專用攻勢，毫無守勢；唯用步法騰踏，以避爪牙之鋒，昔有以開門迎敵譏此棍者，實未能得其秘旨也。

俗諺云：「慢刀（指大刀）急棍。」可見棍法之宜迅疾也。此為與虎對壘之棍法，武松當時若不如迅雷飛電，鮮有不碎身於虎爪牙之下者，故此棍尤須格外急驟，切忌眼拙手鈍。

學一拳，須知一拳之用處；學打虎棍，須處處揣摩武松當日打虎時情形，則一氣貫注，自得妙造。

武家拳法，無論刀棍，步法似極散漫，易於攻擊，然步步著力，變化迅速，非人所能逆料。

打虎棍其實只有二十餘手，起手收勢，固為後世所加入，其中相同之手勢，亦甚不少。

　　學棍法，身體靈活，固然最為緊要，而實力亦須
夠得上；否則棍法縱然精絕，實力不充，亦必受制於
人。即武松當年，非神力過人，安能與虎相博，而獨
劈山一棍，竟將鵝卵粗細之鐵棍打折，而徒手殺虎，
此是何等力量。故學此者，必先充其實力。

　　武松曾言：吃一分酒，增一分氣力。其所傳拳
法，在醉後使出者為多，故往往在拳腳刀棍各法中，
轉身攻守，有極不依法度處。

　　淺見者每以此為病。然此等所在，正足以見其拳
腳已臻化境，可隨時隨地融合變化，而自成家數也。
若必依法度，某拳來，必用某手格之；某腿來，必用
某法拒之，則何異木人做戲，呆滯可笑乎。且敵人攻
擊，亦未必定依法度，若墨守成章，鮮有不敗者。武
松拳腳刀棍各勢之不依法度處，正其精神彙聚，攻守
獨到處也。

　　凡學習此棍者，宜先將步法練穩，然後再練騰
挪，末練棍法。三者皆能精熟之後，始按勢依法練習
之。以後凡一勢嫻熟，始增一勢，由漸而增，以至於
三十二勢為止，則必能得心應手，進退攻守，悉隨我
意也。若貪多務得，而欲競其全功者不可得也。學此
者宜三注意及之。

第二節　三十二勢打虎棍之練法

一、起　手

此為起手之勢，與拳法中混元一氣相同。

全身直立，右手握棍卓地；左掌垂直，緊貼左腿；蓄力兩腿，以待動作。頭直前，目怒視。（圖4-1）

二、左點棍

此乃用棍頭杵人之法，可別為左右點。

依上勢。先將左手移至右方，握住右手上面之

圖4-1

棍成合盤勢（即陰陽手，兩拳口相對之握法也），然後左足移開一步；同時，將棍橫垂前方，再用力一提至當胸，反掌向外用棍頭向左點去。（圖4-2～圖4-4）

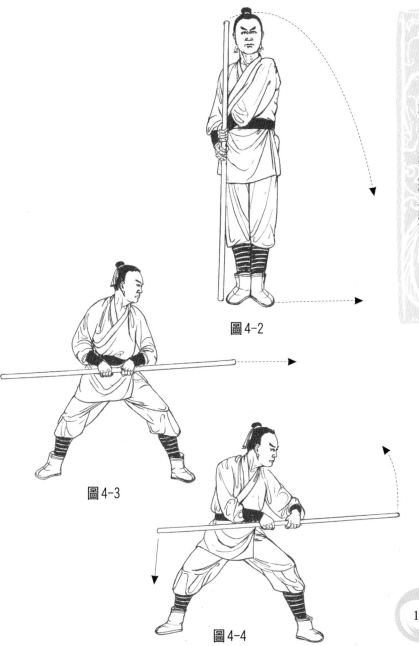

圖 4-2

圖 4-3

圖 4-4

三、毒龍出洞

　　左棍頭向上挑，右棍頭向下捺，轉身翻棍變為右挑左捺，掄舞成花，足起騰步。從右轉身，右手移後握棍頭，左手反掌握右手之上，先進一腿，然後，竭力向前探去，成左弓步。（圖4-5～圖4-8）

圖4-5

圖4-6

圖4-7

圖4-8

四、大鵬展翅

棍頭先下捻，翻捲至頂門，足退後作連環步。

轉身向正後，左手滑出握棍頭，右手移中約一尺，兩
拳相約三尺，仍復合盤手；左足側踏成後左側弓步，
棍左高右低，成斜形，雙手用力向外托，頭向右下。
（圖4-9～圖4-11）

圖4-9

圖4-10

圖4-11

圖4-12

五、鐵牛鋤地

　　左足復成絞步，左手翻掌握棍作陰陽手，右棍頭向右面一捺，乘勢從左轉身，右棍頭上舉，左棍頭一植，棍身斜於當前。轉身時棍隨身轉，略成撥草勢；轉至正時，兩足立定，棍頭即向斜下卓。（圖4-12）

六、披荊斬棘

乘上勢餘勢，起一騰步，向左方進一步，泛起左棍頭，向上猛力挑。然後，移開右足一步，連作兩滑步後退；同時，右手泛棍向上拗，左手逼向下擊，棍身當前成為斜形，頭向左後。此乃退步誘敵之法。（圖4-13、圖4-14）

七、雷針劈木

滑步停時，左足點地作一踔步，右足後絞為一騰步；同時，右手撒開移握左棍頭，將棍身托至前面之地，反手猛力捲起，從下泛至上方。然後拗平，置於

圖4-13

武松拳譜秘本

頂門之上，兩足成絞步，至拗定時，用棍向斜下猛
擊。（圖4-15～圖4-18）

圖4-14

圖4-15

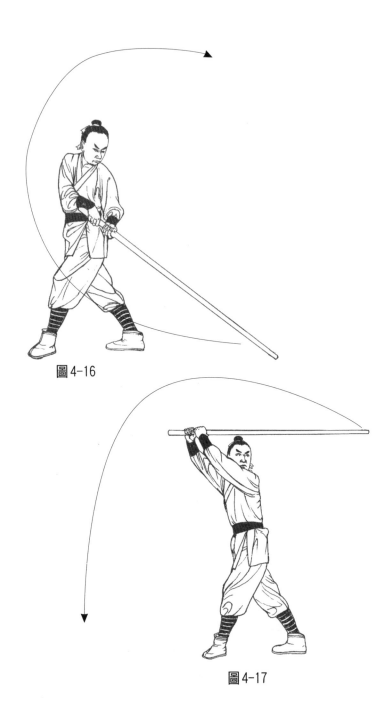

圖4-16

圖4-17

圖4-18

八、仙人坐洞

乘上勢下擊之勢，急騰步向右，為拖棍斜進勢。騰步跺地，從左翻身，用棍向斜上方翻捲而起，至棍斜右肩上，左手撒開握棍，在右手前一尺餘處。然後，向斜下方猛帶，身急下挫，成為正後躺步。（圖4-19、圖4-20）

圖4-19

圖4-20

圖4-20附

九、高搭袖

依上勢。不須收步，棍身竭力一按，右足向對方起一掃堂腿；同時，棍亦向外平捲。待至正前方時，右足一踩，全身直立，左足尖點地；雙手持棍向左斜上方猛力梟去。此時左手滑出緊握棍身中部。（圖4-21、圖4-22）

132

武松 拳譜秘本

圖4-21

圖4-22

十、烏雲蓋頂

右手移握中央，在左手之前照第三勢起短手花。
全身隨掄舞之勢旋轉一周之後，左手復勒回握棍頭，

圖4-23

圖4-24

右手反掌握棍，與左手成合盤手，急步翻身，泛棍至頂門，然後從正中下擊。（圖4-23、圖4-24）

十一、截龍勢

依上勢。移左手至正中，起一拖棍勢連環步，向左方猛進；同時，反移右手握右棍頭，至步法踏實時，先用右棍頭向外一探，然後從右翻身，此時雙掌成陰陽手，棍橫置於當前齊腰處。至正前方時，左棍頭即向右平捲。（圖4-25～圖4-27）

圖4-25

圖4-26

圖4-27

十二、衝點勢

待上勢捲至右方時，右手移前一尺許；同時，左足拖進一步，踏於右足之前，先用棍向下面一盪，然後右足再進一步，成為右弓步。此時下盪之棍頭，從下泛起，至平肩處，再向前衝點，以取人之喉部。（圖4-28～圖4-30）

圖4-28

圖4-29

① ②

圖4-30

十三、地蛇勢

　　左足向右正方拖進一步；同時，右手撒開，向後
虛發一掌，復移握於左手之前，上身旋轉於正後。然
後，猛力向下一捺，右足躺步，棍身平於地上約一尺
高處，乘勢向外猛掃。（圖4-31、圖4-32）

圖4-31

圖4-32

十四、飛燕穿簾

依上勢。掃至正前方時，右足點地一跺腳，全身直立，足成絞步；右手移握左手之後部，此時棍垂直於右斜方。然後，雙手用力上拗至平肩為度，先向左略一帶，急乘勢向右方點去。（圖4-33）

圖4-33

十五、流星趕月

依上勢。將棍垂下，移向左方，由後泛起為一環，至右前方時，即向右後盪去，再從身後泛起，此為長手花。如此反覆行之，身隨棍轉，至一周時，足起騰步，右手移出，先用左棍頭向前面擊一下，然

後，收左棍頭，再用右棍頭向前面猛擊，足成右弓步勢。（圖4-34～圖4-37）

圖4-34

圖4-35

圖 4-36

圖 4-37

十六、古樹盤根

右手移前尺餘，變合盤手為陰陽手，先向頂門上

劃一平頭大環，足起騰步，轉身向後方，成為馬步。
此時斜置平肩處，頭側左，然後猛力向斜下方擊去。
（圖4-38、圖4-39）

圖4-38

圖4-39

十七、烏龍翻江

棍擊至下斜方時，即時捲回右斜上方，足起騰步，乘勢翻身，至左方時急斜躥進兩步；然後，再將上舉之棍，向下斜方用力猛擊。此時全身向前方，足成右斜弓步，頭偏於左方。（圖4-40、圖4-41）

圖4-40

圖4-41

十八、挑　棍

　　依上勢。先用連環步向右方躥出二步，此際即將左掌反下握棍，變成合盤手，待兩足落地踏實後，即翻棍向外一攬，棍頭劃一小環。此時左肘緊貼棍身，即用肘將棍向前逼出，與拳法中之釘肘相似。（圖4-42～圖4-46）

圖4-42

圖4-43

圖4-44

圖4-45

圖4-46

十九、衝　點

此與第十二勢完全相同。

依上勢。先將左手移至離左棍頭尖一尺處緊握；同時，右手握處亦移前約一尺，將棍抽帶至左斜下方，然後右足滑進左一步，成為右弓步。身定後，即將右棍尖向上衝起。（圖4-47、圖4-48）

圖4-47

圖4-48

二十、獅子大開口

此為架禦之勢。

依上勢。只須將右足拖後一步，至靠於左膝彎處為度，左腿立直，二足尖皆向前面。乘勢轉身，至正前方時，雙手舉棍，猛力上梟，全力注於棍之中部，棍身略向下方斜直。（圖4-49）

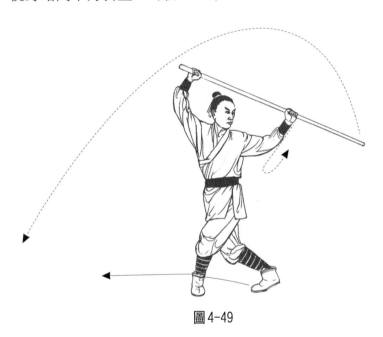

圖4-49

二十一、倒拖荊棘

此為先單手劈擊，而後拖棍退步之法。

依上勢。先撒開左手，在腰間挽一小環，向左

外發一掌，然後右腿退出絞步，向左移開一步；同時，單手舉棍，向後下方猛擊，即拖棍向左橫退。
（圖4-50、圖4-51）

圖4-50

圖4-51

二十二、當頭棒喝

上勢用絞步向左方連退三步之後，即須立定。在退步時，右手先單手拗棍，從下泛至左上方；同時，即用陰陽手緊握棍身之中部，屈置平肩處，如抱物狀，然後，翻肘用左棍頭向左側方擊下，足成絞步，右前左後。（圖4-52）

圖4-52

二十三、後盪擊

依上勢。猛擊一下之後，用躥步急進一步，故將平肩之棍向右一提壓，此為鼓勢法。然後騰身左轉，

至正後面為度；同時，即將棍平面猛力盪擊，以擊右後方之敵。此時足成右側弓步，頭偏於右方。（圖
4-53、圖4-54）

圖4-53

圖4-54

二十四、翻身探果

依上勢。先將右手勒至中部握定，起一短手花，全身隨棍從右旋轉，至一周時，即用躺步後退二步；同時，雙手向各原方棍頭勒去，作拉弓勢，右手將棍向後斜猛力壓下，左手即將左棍頭向外逼出，以取敵人腦門。（圖4-55～圖4-57）

圖4-55

圖4-56

圖4-57

二十五、莊家劈柴

　　依上勢。移出右手，握於左手之後，用拖步從左轉身，向下斜方猛力擊一下；再從左手之側面拗起，舉棍於左後方，更向下斜方用力劈去。此為二劈棍連續下擊之法。全身向正後，足作右側弓步。（圖4-58～圖4-60）

圖4-58

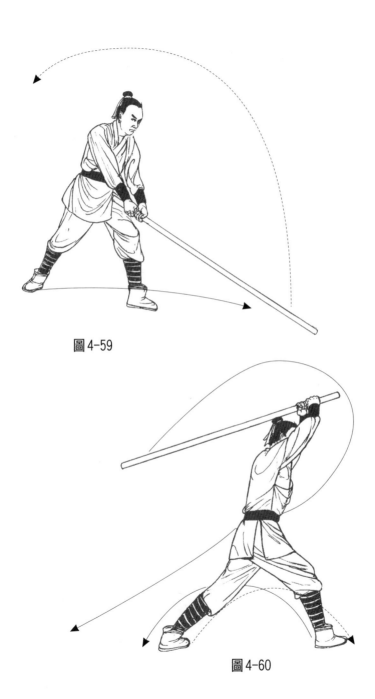

圖 4-59

圖 4-60

二十六、旋風掃葉

此即掃堂棍也，與地蛇勢不同。

乘上勢下劈之勢，再向左轉身；至正面時，俯身

圖4-61

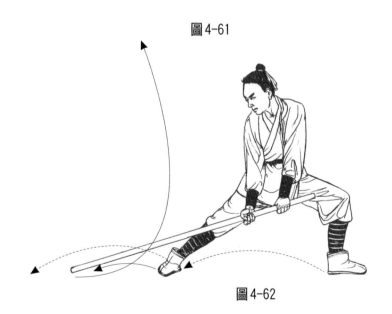

圖4-62

成一撲腿勢，棍身平置於地。然後向左方掃去；至足前時，兩足同時上躍，棍即迅疾在足下掃過，棍掃一周為度。（圖4-61、圖4-62）

二十七、獨門棍

此為縱橫擊取敵人頭部之長手。

乘掃堂棍捲至正前面時，即向右方騰進一步；同時，將棍拗起，至平頂時，猛力一挫，棍頭向右垂下，以舉平為度。然後翻棍至後，向右側擊去。（圖4-63、圖4-64）

圖4-63

圖4-64

二十八、拉鞭勢

依上勢。一擊之後，棍落齊腰，故意向左方一蕩，然後撒開左手，從腰間挽一小環，向左虛發一

圖4-65

掌；右手單手握棍，從右方向後捲去。隨即兩足急用連環步向右退二步，全身向正前方，頭與掌之方向相同。（圖4-65～圖4-67）

圖4-66

圖4-67

二十九、雨點打櫻桃

依上勢。踏定腳步之後，棍仍提回前方，左手握住離左棍頭一尺許處；同時，右手移前尺許，使棍之兩端與中間之距離相等。雙手合盤，先使左棍頭在前，右棍頭在後，各向旁側絞成兩個小環，然後，將右棍頭從橫逼出，再用棍頭右前左後，如法起一花，翻將左頭橫擊一下，同時，足成右前弓步。（圖4-68～圖4-70）

圖4-68

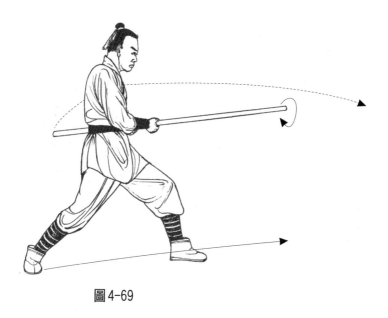

圖4-69

圖4-70

三十、孤雁出群

　　依上勢。用拖步轉身向後方；同時，將右手撒開，左手單提棍，從頭上翻至左側。隨即右手摟握棍頭，足成左側弓步。然後，向斜上方猛力擊去，全身亦隨之翻轉向正左方，上擊之棍，至與高搭袖勢相等為度。（圖4-71～圖4-73）

圖4-71

圖4-72

圖4-73

三十一、獨劈華山

此為從正中下擊，取人頂門之長手棍法。

依上勢。將棍向右下方一捽，全身轉向正前方。
棍盪至背後時，即反手拗起，高舉過頂門之上。在棍
上舉之時，右足即向正後方躺出，成為左前弓步，踏
實後，雙手掄棍，從正中下擊。（圖4-74～圖4-76）

圖4-74

圖4-75

圖4-76

三十二、收棍勢

依上勢下擊之後，將棍提至當胸，然後，向上一擲，雙手撒開。待棍落下時，右手接握棍之正中，向後倒垂；左手則從外捲入懷中，作抱物狀，唯掌平置，掌心向下，拇指貼胸。（圖4-77～圖4-81）

圖4-77

圖4-78

圖4-79

圖4-80

圖4-81

第五章
血濺刀之練法

一、捧刀勢

此為起手時之勢。

左手捧刀，刀背貼臂，全身向前。先踏前兩步，右手從腰間挽一小環，在胸前作一請手，然後，沉身作一寒雞步，向右斜方起一雙飛腿，乘勢收刀交於右手。待雙飛腿落地時，即變換手法以取人。

（圖5-1～圖5-5）

圖5-1

圖5-2

169

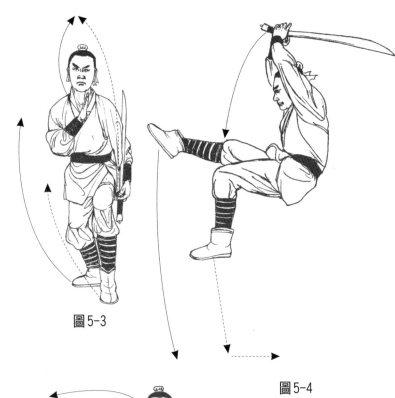

圖5-3

圖5-4

圖5-5

二、劈　刀

劈與砍、削等勢不同，蓋用刀口從上方向斜下方劈擊之法。

依上勢。乘雙飛腿落地之勢，即連向右斜方騰進一步，同時，刀蓋背盤頭（即將刀從左肩處盪向後方，刀尖朝下，左背部移至右肩後方，此為蓋背盤頭；若刀單從頂門上盤旋一匝，則單稱盤頭），向斜下方劈去，足成右前弓步。（圖5-6）

圖5-6

三、回風潑水

依上勢。左足移前一步；同時，右手之刀，先向懷中一捲如抱物狀。右足向左膝前絞進一步，翻身向後，左手向旁側發一側掌；右手之刀，即向外翻捲而出，刀尖向上，刀口向外。此時成絞步，全身向後方。（圖5-7、圖5-8）

圖5-7

圖5-8

四、白鶴亮翅

依上勢。用連環步右進步；同時，將刀收回，抱置胸際，刀尖在右肩上斜方，乘進步之勢略向外作衝刺。待腳步踏穩之後，便將右手向外一撒，刀即向外旁平削；順勢從右轉身，左足用拖步踏至右足之左面。此時全身向前，足成左側弓步。（圖5-9～圖5-11）

圖5-9

圖5-10

圖5-11

五、鑽心釘勢

依上勢。先將左右手收至當胸，刀尖向前，刀口向上，左手掌扶住刀靶。然後，翻身向正左方，飛起

右足，此時雙手向懷中一帶，待右足落下後，刀尖即
向前竭力衝刺，以取敵人胸膛。此時全身向右。（圖
5-12～圖5-14）

圖5-12

圖5-13

圖5-14

六、翻身探海

依上勢。衝刺之後，即將刀收回胸際，左手撒
開，刀起夾背花（先將刀尖向下，刀口向外，從左盪
至右肩後，然後拗起，使刀尖向上，至右前時，再折
下盪至右肩後，如此反覆行之），足成絞步。

旋轉一周，至正後方時，將刀向左肋一抱，足成
馬步，左手向旁發一側掌；右手之刀，即同時在當面
向右方捲去。（圖5-15～圖5-21）

圖5-15

圖5-16

圖5-17

圖5-18

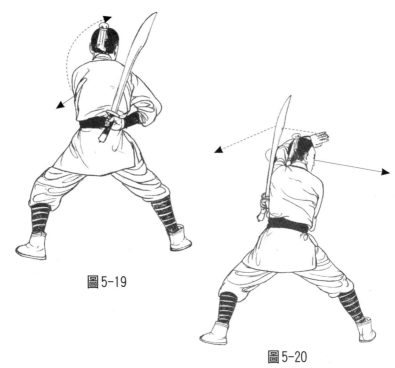

圖5-19

圖5-20

圖5-21

武松
拳譜秘本

七、野馬分鬃

依上勢。先將右腳提於齊腹處；同時，將刀收回，左手亦托住刀靶，刀尖斜出右肩上，刀口向外。至此再起一跺步（即將左足向上提，右足踏入左足原地，而左足則躺前一步之法也），變成左前弓步。在轉身之際，左手護腰，右手之刀即從側面向左方猛力平削。（圖5-22、圖5-23）

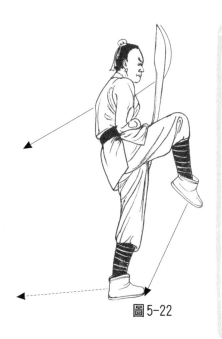

圖5-22

圖5-23

八、猛虎撲食

依上勢。不必收刀，右足踏前一步，順勢將刀往前一衝，左足跟進一步，刀再向外一劃，便在當面劃

圖5-24

圖5-25

武松
拳譜秘本

一大環。跺足翻身，右足向右方躺出，上身下沉，左膝下屈，成為正面之躺步；同時，刀在左方翻上，過頂折下，猛力下砍。（圖5-24～圖5-27）

圖5-26

圖5-27

九、單夾背

依上勢。將刀、掌皆收回胸際；同時，右足亦收起，全身直立，然後，向左斜方起騰步，連進二步。在全身前進時，刀即起夾背花，以足步踏穩為度；待踏穩後，左足拖上一步，挺直於前，右膝略屈。刀從當面向下拖，左掌即緊逼刀背，向外壓去。（圖5-28～圖5-31）

圖5-28

圖5-29

圖5-30

圖5-31

十、披身伏虎

依上勢。用拖步向後退二步，抱刀於懷，將身一沉，足點地成寒雞步。乘勢向左方起一雙飛，落地後即左轉身，將右足前蹲，左足後跪；同時，刀起盤頭，從上向側面下砍。此時身向後方。（圖5-32～圖5-36）

圖5-32

圖5-33

圖5-34

圖 5-35

圖 5-36

十一、犀牛分水

此為刀、腿並用之法，亦左右攻擊之勢也。

依上勢。先反手將刀從橫向右方一捲，右足即行直立，左掌即向旁側發出，左腿即向斜上飛起；同時，右手之刀，亦從懷中向外猛力捲去，至平肩為度。此時頭向右方。（圖5-37、圖5-38）

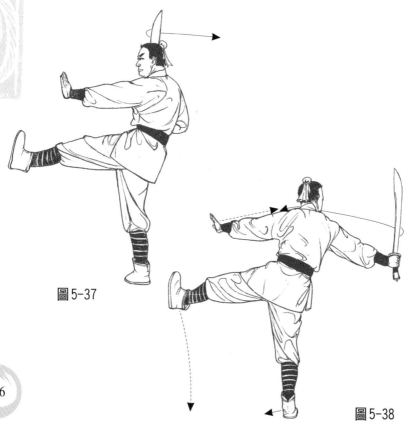

圖5-37

圖5-38

十二、毒蛇出洞

此勢即下衝刺，取人下盤之法也。

依上勢。抱刀於懷，左掌亦收置刀靶處，足落下，連起二跺步轉身，反掌向上，左手向後虛發一掌。隨即右足前滑一步，左足後提，刀即從胸前向斜下方衝刺，上身略前傾，以助其勢。（圖5-39～圖5-41）

圖5-39

圖5-40

圖5-41

十三、獅子大張口

此為轉手向後平削之勢，即大旋轉削刀也。

依上勢。衝刺之後，足起踩步，折刀尖略向上，

乘勢一探，然後，反手使刀口向後，用掃堂腿從右轉身，刀即隨之橫削一周。待至正前方時，成為馬步，左手即向旁側發一掌。（圖5-42、圖5-43）

圖5-42

圖5-43

十四、獨劈華山

此為正中下劈之勢。

依上勢。從橫騰左方二步；同時，刀起夾背盤頭。待第二騰步踏實時，右足即拖掃之勢，移至左正方，直躺於前，上身隨之轉向左方，左膝前屈成蹲勢。此際，刀正第二盤頭完畢，即從正後拗起，猛力下劈，左手緊護其腰。（圖5-44～圖5-47）

圖5-44

圖5-45

圖 5-46

圖 5-47

十五、飛電穿雲

此為頂衝刺，斜取敵人上路之刀法也。

依上勢。向下猛砍之後，即收刀拿回胸際，此時

右手掌泛向上，使刀背向下；同時，將右腿前屈，左腿躺直於後，成為右前弓步。乘全身前進之勢，即兩手握刀，猛力向前面之斜上方衝刺，以兩臂挺直斜形為度。（圖5-48、圖5-49）

圖5-48

圖5-49

十六、金刀劈風

此與上兩勢皆連續展進擊敵之法，故並不用騰躍等步法。

依上勢。先將左手撒開；同時，折刀使刀尖向下，盪至左肩之前。然後挽起，使刀尖向上。此時右足展一步，刀即從當面頂門劃過，向右方下砍，左足乘勢跟進一步，成為後方之馬步。（圖 5-50、圖5-51）

圖 5-50

圖5-51

十七、順步攔截

依上勢。先收左足絞於右膝彎後，同時，掣回刀
抱置膝際，向左方橫騰一步，刀順勢向外一探。然
後，從左轉身，旋至正右方，刀乘旋身之勢，猛力向
左肩方面橫截，左手略作前側掌。

此時全身向右方，足成右前弓步，刀背斜向外。
（圖5-52、圖5-53）

圖5-52

圖5-53

十八、三盤落地

依上勢。進步起夾背刀花，身隨刀轉，至正前面時，抱刀於懷，全身下沉，作一寒雞步。乘勢急起一雙挑腿，刀則在腳尖行將落下時，向外一削，急反手使刀轉至背後，刀背緊貼肩臂；落下時即將左足橫置右膝彎後，向下撲坐，左手護胸。（圖5-54～圖5-59）

圖5-54

圖5-55

圖 5-56

圖 5-57

圖 5-58

圖5-59

十九、撥草尋蛇

依上勢。先將右足略升，左足即向左方移出一步，再用騰步轉身，成為左前弓步。左手向後發一側掌，右手即將刀向外斜下方一削；然後，轉手使刀口向內，再向內斜下方一捲。此為陰陽互用之刀法。（圖5-60～圖5-62）

圖5-60

圖 5-61

圖 5-62

二十、回風潑水

此與第三勢完全
相同。

依上勢。只須將
刀收回抱於胸際，然
後，即向正左方騰進
一步；左手向旁發一
側掌，右手之刀即向
外捲出。（圖5-63、
圖5-64）

圖5-63

圖5-64

二十一、攔擋勢

依上勢。將左足移向右方，再將右足踏進一步，全身轉向正右方，順勢將刀起一夾背盤頭。待右足踏實後，即將刀從右斜上方，向下斫去，刀鋒帶斜；左掌置於刀靶之後，全身向右。（圖5-65、圖5-66）

圖5-65

圖5-66

二十二、撲 刀

此為全身凌空，下撲取敵之勢。

依上勢。左轉身至正前方時，全身下沉，用刀靶向右斜方之地上猛力一捺。然後，乘勢向左斜上方湧身上躍，刀舉起向下斜方劈。（圖5-67～圖5-69）

圖5-67

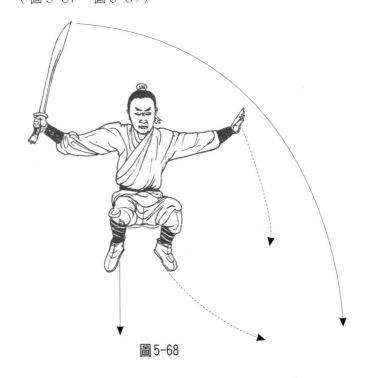

圖5-68

圖 5-69

二十三、古樹盤根

依上勢。落下之後，須作一撲腿，將刀靶點地作勢。先略將右腿移上半步，用後掃堂腿（法見拳法中）後掃半周，至正前面時，將刀舉於後方，左手後垂作雞爪勢，身略前傾。隨即，刀即斜砍而下。（圖5-70～圖5-72）

圖 5-70

圖 5-71

圖 5-72

二十四、轉身劈手

依上勢。向下一
砍之後，即時將刀提
至原地方；右足向左
方移出一步，變為右
側弓步。然後，將左
掌向斜上方猛力一
梟；右手之刀，即
向右腰旁之外方，
猛力斜劈。此時全
身向斜前方，目注
右下。（圖5-73、
圖5-74）

圖5-73

圖5-74

第
五
章

血
濺
刀
之
練
法

二十五、逆步橫攔

依上勢。收回刀掌，抱於胸際，絞上右足，向左方飛騰一步。待兩足踏實後，左手發一側掌；右手之刀即從當前向外橫攔，刀與臂平，刀尖向前，刀口向外；同時，轉身向正右方，成為右前弓步，目視刀尖。（圖5-75、圖5-76）

圖5-75

圖5-76

二十六、蹲步勒

依上勢。先起一單飛腿。隨即，收回刀、掌，收身略略一挫，乘勢起一旋風腿。腳尖行將下落時，刀即順勢橫削一刀，與第十八勢略相似。及落地後，全身蹲伏，刀把點地；左拳置腰際。（圖5-77～圖5-80）

圖 5-77

圖 5-78

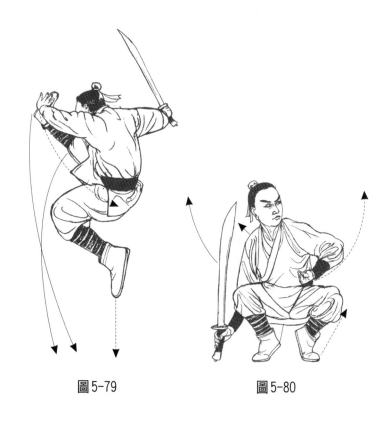

圖5-79　　　　　　　　　　圖5-80

二十七、俊鶻攢天

此為上衝劈之勢。

依上勢。將刀靶在地上一捺，翻轉身軀，向左斜上方湧身上躍，全體凌空，刀斜置於後。待上衝時，刀即從斜下方猛力向斜上劈去。此為取高處敵人之法，且身帶斜，至刀劈至斜上時，身體乘勢挺直，以免下落時動搖之弊。（圖5-81、圖5-82）

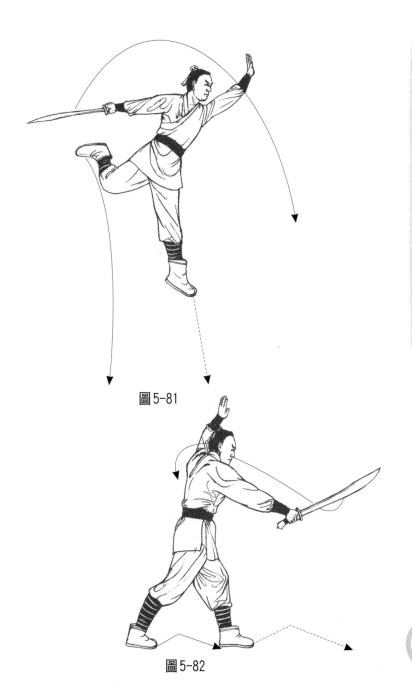

圖5-81

圖5-82

二十八、躺步斜斫

依上勢。落地之後，足起騰步，向左方橫進，刀同時起夾背盤頭花。待兩足踏實，右足即躺出，左足前屈，成為前方躺步。此時盤頭之刀，恰至左肩處，即乘此全身下沉之勢，即將刀猛力向右斜下方斫去；左手同時發一側掌。（圖5-83、圖5-84）

圖5-83

圖5-84

二十九、白虹貫日

此為連進步連衝刺之法。

依上勢。先將右足，高提齊腰；同時，將刀抽回，左手作托天勢。然後，用躍步向右橫躍入一步，即用刀向斜上方衝刺一刀；再收回如上勢，再躍入一步，連作一衝勢。（圖5-85～圖5-88）

圖5-85

圖5-86

圖5-87

圖5-88

三十、翻身探果

此為翻身取敵之
勢。

依上勢。作第二
衝刺之後，不須收
刀，急將左足躺出，
成為右側弓步；左掌
落下護腰。隨即，將
刀口折向斜下方，然
後下砍；左掌側發。
（圖5-89、圖5-90）

圖5-89

圖5-90

三十一、順步穿心釘

此與第二十五勢相似，不過彼用攔截，此則用長手衝刺耳。

依上勢。下砍一刀之後，不必將刀提起，急將右足拖上一步，再用跺步前躍一步，將刀泛起，使刀口向上，用力向前猛刺；左手向後發一側掌；此時上身向後斜，足成右前弓步，頭向正右方。（圖5-91）

圖5-91

三十二、收刀勢

此為收刀正立之勢。

依上勢。先將左足拖進一步，乘勢轉身向左方，抽刀抱脅下。即起單挑腿，落下時沉身作一寒雞步。連起雙飛腿。趁下落之勢，再向上湧身躍起，連作一旋風腿，翻身至正而直立；同時，右手之刀交與左手，連退後二步，復歸起手勢。（圖5-92～圖5-100）

圖5-92

圖5-93

圖 5-94

圖 5-95

圖5-96

圖5-97

圖 5-98

圖 5-99

圖 5-100

第六章
鴛鴦腿之技擊

一、躺步護襠

1.敵方進右步，右拳擊打我方面部。我方則左腳向右蓋步，上體右旋，避過敵拳。（圖6-1）

圖6-1

2. 敵方右拳落空。我趁其失勢，迅速沉身，左腳鏟擊或踩擊敵方右腳踝關節或腳背，使敵腳疼痛或受傷。（圖6-2）

圖6-2

二、分水挑腿

1. 實戰時，趁敵勢未穩，我左腳搶步上前，兩手從胸前分開，左手反背掌擊敵方面部。敵方退步仰身避過。（圖6-3）

2. 我方迅疾右腿前踢，以腳尖放長擊遠，挑擊敵方襠部，重創之。（圖6-4）

圖6-3

圖6-4

三、白鶴亮翅

1. 敵方右腳進步，右拳擊我下頜。我方左腳退步，速起雙手托抱敵方右拳。（圖6-5）

圖6-5

2. 不待敵方變化，左腳鞭踢敵方腰部，將其打倒。（圖6-6）

四、單掌釘肘

1. 敵方右腿鞭踢我方左腰。我方左手反掛其左腳踝關節後側，體略左旋，化解其鞭踢之力。（圖6-7）

圖6-6

圖6-7

2. 右腳進步，右掌推擊敵方面部。敵方後滑步，起右手格阻我方右臂外側，化去我方之攻擊。（圖6-8）

圖6-8

3.我方進步右旋體，左肘擺擊敵方背部或頭部右側，並向前頂，致其跌仆。（圖6-9）

五、獅子大張口

1. 我方兩手先向敵前上作一虛晃，即迅疾沉身，右腿擦地掃踢敵方右腳跟。敵方提膝避過我方掃腿。（圖6-10）

圖6-9

圖6-10

2.我方起身，左腳墊步，右腿發力，用腳跟蹬踢
敵方腹部，將其重創。（圖6-11）

圖6-11

六、丹鳳朝陽

1.敵方左腳進步，左拳擊我胸部。我方左腳撤退
一步，右手上劃，接住敵方左腕內側。（圖6-12）

2.前滑步，左掌推擊敵方心口，將其重創。（圖
6-13）

圖6-12

圖6-13

七、單撐腿

1.敵方進步，右腳踩我方右腿前脛。我方左腳略向後收步，提右膝，避過敵方右腳。（圖6-14）

圖6-14

2.借提膝之勢，伸腿向前撐出，以腳跟為力點，蹬踢敵方小腹部，將其擊倒。（圖6-15）

八、餓虎撲食

1.敵方左腳進步，起右腳撩踢我方襠部。我方上

圖6-15

圖6-16

體右旋，左腿下沉跪膝，避過敵方腳之際，左拳下砸
敵方腳背，使其攻擊失效。（圖6-16）

2. 砸落敵腳之際，迅疾起身，右拳衝擊敵方咽喉或襠部。（圖6-17）

圖6-17

九、獨立朝崗

1. 敵方右蹬腿踢擊我方胸部。我方左腳撤退一步，沉身成右丁步，同時，右拳擊敵方右膝關節內側，使其攻擊失效。（圖6-18）

2. 連擊不停，順勢迅疾向前彈出右腳，撩踢敵襠，致其重傷。（圖6-19）

圖6-18

圖6-19

十、金雞刷翅

1. 我方右腳進步，左掌推擊敵胸。敵方後滑步含胸，避過我方左掌。（圖6-20）

圖6-20

2. 我方重心移於右腿，收左腳勾置於右膝後彎，身向右傾，右拳衝擊敵方面部，將其擊傷。（圖6-21）

十一、流星趕月

1. 我方雙手交叉於胸前，左腳前移，右腳向前搶出，兩拳分開，右拳衝擊敵方咽喉。（圖6-22）

圖6-21

圖6-22

2. 隨即，右旋體，右拳收於身後，左拳向前擊打敵方心口，致其重傷。（圖6-23）

圖6-23

十二、霸王敬酒

1. 敵方左墊步進身，右腿踹擊我方面部。我方兩拳交叉護於胸前，略後滑步沉身，避過敵腿。（圖6-24）

2. 不等敵腿收勢，我方前滑步進身，右手以「持杯勢」擊打敵方咽喉或襠部。（圖6-25）

圖6-24

圖6-25

3. 隨即，右腳順勢前踏，踢擊敵方左膝關節。兩次重擊，防不勝防。（圖6-26）

圖6-26

十三、側衝拳

1. 敵方右腳進步，右衝拳擊打我方面部。我方左腳撤步，左手前伸，以掌棱格敵右臂內側。（圖6-27）

2. 右腳前移半步，沉身成馬步，右拳衝擊敵方腹部或襠部，重創之。（圖6-28）

圖6-27

圖6-28

十四、雙飛腿

1. 敵方右進步，右衝拳擊打我方面部。我方收左腳，兩拳交腕護於胸前，沉身成左丁步，避過敵拳。（圖6-29）

圖6-29

2. 不讓敵方收勢，我方左腳上半步，右腳迅疾飛踢敵方下頜。（圖6-30）

3. 右腳下落之際，左腳順勢蹬地而起，飛踢敵方咽喉或面部，將敵踢翻。（圖6-31）

圖6-30

圖6-31

十五、單鞭勢

1. 我方左腳上步，右掌推擊敵方面部。敵方含胸縮頸，兩拳護於面部兩側，避過我方掌擊。（圖6-32）

圖6-32

2. 右墊步，左腳勾掛敵方右腳跟，右旋身發力，將敵方踢倒於地。（圖6-33）

十六、鷂子翻身

1. 敵方左墊步，右鞭腿踢擊我方左側。我方迅疾收左腳於右腳內側，沉身下坐成左丁步，同時，左掌下砍敵方右腳。（圖6-34）

圖6-33

圖6-34

2. 右旋身，右腿後掛，擺踢敵方右側或後腦。
（圖6-35）

圖6-35

3. 右腳繼續右旋，左腳蹬地騰身，向內旋踢敵方
後腦，將敵方踢倒於地。（圖6-36）

十七、靈彌護腦

1. 敵方右進步，雙拳衝擊我方頭部。我方左腳向
後撤步，雙拳向下砸擊敵方兩拳背，將其攻擊拳砸
落。（圖6-37）

圖6-36

圖6-37

2. 隨即，左腳向前彈出，撩擊敵方襠部，重創
之。（圖6-38）

圖6-38

十八、順水推舟

1. 我方左腳向前虛踢一腳，誘敵方欲避而吞身。
我方左腳乘機向前跨進一步，右拳衝擊敵方心口。
（圖6-39）

2. 隨即，右腳向前跨進一大步，左掌再度推撞敵
方心口，重創之。（圖6-40）

圖6-39

圖6-40

十九、翻身探果

1. 敵方左進步，右蹬腿，踢擊我方面部。我方後滑步，右旋身成右橫襠步，避過敵腿。（圖6-41）

圖6-41

2. 趁敵方收腿未及，我方左旋身，右墊步，左腳踹擊敵方左膝內側，將其踹倒。（圖6-42）

二十、脫袍讓位

1. 敵方右鞭踢我方左肋。我方左腳收步，沉身下坐，兩手交臂，左旋身，阻截住敵方右腳背。（圖6-43）

圖6-42

圖6-43

2. 我方兩臂用力一分，左腳上半步，右腳彈出，撩踢敵方襠部。敵方收落右腳，後墊步退身，吞腹收襠，避過我方右踢。（圖6-44）

圖6-44

3. 我右腳隨即落步，左腿鞭猛踢敵方右肋，重創之。（圖6-45）

二十一、抱虎歸山

1. 敵方右進步，右拳橫擊我方頭部。我方收左步成左丁步，沉身避過。（圖6-46）

圖6-45

圖6-46

2. 不讓敵方換勢，我方左腳上踢外擺，同時以右旋風腳猛踢敵方頭部，將其踢翻而出。（圖6-47）

圖6-47

第七章

起解拳之技擊

一、金蛟截月

1. 敵方左腳蓋步進身，右高鞭腿踢擊我方頭部。我方收左腳併步，兩腕相靠，下沉身避過敵方腿。（圖7-1）

圖7-1

2. 右腳前移半步，速伸左腿，擦地旋掃敵方左腳跟，將其掃倒。（圖7-2）

圖7-2

二、驚隼穿月

1. 敵方右進步，右沖拳擊打我方胸部。我方略後滑步，沉身下坐成左虛步，避過敵拳。（圖7-3）

2. 我方借沉身之勢，順勢右彈腿，踢擊敵方襠部，重創之。（圖7-4）

圖7-3

圖7-4

三、衝拳挑腿

1. 敵方右進步，右拳橫擊我方頭部。我方左腳向右蓋步，偏身避過敵拳。（圖7-5）

圖7-5

2. 隨即右旋身，雙拳相靠一齊衝擊敵方胸部。敵方仰身避過。（圖7-6）

3. 我方左腳隨之彈出，挑擊敵方襠部，致其重傷。（圖7-7）

武松拳譜秘本

圖7-6

圖7-7

四、泰山壓頂

1. 敵方左鞭腿踢擊我方右肋。我方雙靠拳向右下伸，阻截住敵方左腿。（圖7-8）

圖7-8

2. 隨即，雙拳順著敵方左腿向前上拋擊敵方面部。（圖7-9）

3. 敵方左偏身避過我方拳擊。我方右腳內收半步，兩拳向右劃弧，隨右旋身，擊敵方腦後，將其打趴在地。（圖7-10）

圖 7-9

圖 7-10

五、雙擷撐腿

1. 我方左腳虛踢驚擾敵方，隨即，搶步向前，雙拳相靠衝擊敵方面部。敵方退步避閃。（圖7-11）

圖7-11

2. 隨即，我方右腳順勢前蹬敵方襠部，撐勁發力，致其重傷。（圖7-12）

六、雙飛腿

1. 敵方左腳搶步上前，左橫拳擊打我方頭部。我方收左腳，成左丁步，沉身避過敵拳。（圖7-13）

圖7-12

圖7-13

2. 敵拳剛過頭頂，我方左腳即前移半步，右腳向前上正蹬敵方下頜。（圖7-14）

圖7-14

3. 敵方仰身避躲，我方右腳猛力下劈，左腳蹬地而起，騰空彈踢敵方咽喉，重創之。（圖7-15）

七、撩　腿

1. 我方雙拳向前一晃，隨即沉身下潛，右腳擦地後掃敵方右腳跟。敵方退步提膝避過。（圖7-16）

圖 7-15

圖 7-16

2. 我方右腳略收，隨即起身，左腳向前彈出，以腳尖發力撩踢敵方襠部，致其重傷。（圖7-17）

圖7-17

八、脫銬手

1. 我方左腳向前虛踢驚擾敵方，隨即向前踏步，雙拳順勢衝擊敵方咽喉。（圖7-18）

2. 隨即，兩拳分開，伸手撈住敵方雙肩，右膝提撞敵方右肋，重創之。（圖7-19）

圖7-18

圖7-19

263

九、劈枷勢

1. 敵方右腳進步，右衝拳擊打我方面部。我方左腳略提，隨即踏進敵方右腳內側，右旋身避過敵拳，雙掌合十阻截敵方右臂外側。（圖7-20）

圖7-20

2. 兩掌沿著敵方右臂左右分開，右手抓住其腕，左手按住敵方右肩，一齊下壓，同時，左膝提起，將敵方右肘擱在大腿上，致敵手臂斷折。（圖7-21）

十、連環鎖子腿

1. 我方左腳踏前一步，沉身坐馬，左拳側衝擊打

圖7-21

圖7-22

敵方腹部。敵方向後吞身避過。（圖7-22）

2. 我方左手向左外劃，右手前伸，同時，右腳彈出，撩踢敵方襠部。（圖7-23）

圖7-23

3. 右腿略收，隨即腳尖一旋，腳跟向前上蹬踢敵方腹部，以兩次連擊，重創之。（圖7-24）

十一、單鞭勢

1. 我方兩手向前虛晃，隨即下沉身，右腿擦地後掃敵方右腳跟。敵方左腳退步，右腿提膝，避過我方右腿。（圖7-25）

圖7-24

圖7-25

2. 我方右腳略收，隨即左腿向前擦地掃擊敵方左腳跟。以連續兩次掃腿，將敵方掃倒。（圖7-26）

圖7-26

十二、白虹貫日

1. 敵方右腳進步，右橫拳擊打我方頭部。我方左腳迅疾後撤一步，避過敵拳。（圖7-27）

2. 我方見敵拳落空欲收，左拳隨即前提，旋腕變掌，用掌棱攔擊敵臂內側。（圖7-28）

圖 7-27

圖 7-28

3. 左腳踏進一步，右拳緊跟而出，衝擊敵方咽喉或鼻梁，致其重傷。（圖7-29）

圖7-29

十三、雙龍入海

1. 敵方右腳向前剛欲上步。我方迅疾沉身下潛，雙手按地，左腳急鏟敵方腳背或腳腕。（圖7-30）

2. 敵腳受傷，彎腰護痛。我方左腳向外側擺步，右腳上進一步，兩掌相併，戳擊敵方心口，重創之。（圖7-31）

圖 7-30

圖 7-31

十四、回風潑水

1. 敵方右腳上步，右旋身，左腳踹擊我方頭部。我方左腳迅疾後撤一步，沉身下坐成右點步，避過敵腿。（圖 7-32）

圖 7-32

2. 敵腿落空，未及變勢。我方立即前移左腳，右鞭腿踢擊敵方後腦，重創之。（圖 7-33）

十五、雙風貫耳

1. 我方搶步上前，雙拳衝擊敵方面部。敵方退避，並用雙手來托我方雙拳。（圖 7-34）

圖 7-33

圖 7-34

2. 我方右腳隨即跨上一步，雙拳猛然向下一壓，迅疾順勢向前貫擊敵方兩耳門，重創之。（圖7-35）

圖7-35

十六、白猿獻果

1. 敵方右進步，右拳欲蓋擊我方面部。我方左腳向後撤退一步，避過敵拳。（圖7-36）

2. 隨即，滑步進身，右拳勾擊敵方下頜，用中指關節突頂擊敵方喉結，重創之。（圖7-37）

圖 7-36

圖 7-37

十七、海底掀波

1. 敵方右進步，雙拳從左右貫擊我方頭部。我方左腳撤步於右腳內側，右腳提跟成右丁步，兩掌交腕於胸前，沉身避過敵拳。（圖7-38）

圖7-38

2. 我方略左偏身，左掌向左上攔割敵方左臂外側，順勢右腳彈出，撩擊敵方襠部，重創之。（圖7-39）

十八、毒蛇吐信

1. 我方右腳搶步上前，左掌插擊敵方眼部。敵方

圖7-39

圖7-40

左偏身搖頭，避過我方左掌。（圖7-40）

2.隨即，我方左旋身下坐成馬步，右拳順勢發力衝擊敵方心口，重創之。（圖7-41）

圖7-41

十九、漁郎撒網

1.我方右腳搶步上前，雙掌相並插敵面部。敵方右偏身搖頭避過。（圖7-42）

2.我方趁勢雙掌向左橫攔，按住敵方頸部，向左後側摔出。（圖7-43）

圖 7-42

圖 7-43

二十、推窗望月

1.敵方右進步，右衝拳擊打我方面部。我方沉身下坐成馬步，避過敵拳，同時，左衝拳擊打敵方腹部。（圖7-44）

圖7-44

2.隨即起身，右腳乘機蹬踩敵方左膝關節，致敵倒地。（圖7-45）

二十一、二龍戲珠

1.我方右腳上步進身，右拳衝擊敵胸。敵方縮身左偏避過。（圖7-46）

圖 7-45

圖 7-46

2. 我方迅疾左旋身，成右插步，左拳回身鞭打，用拳背捽擊敵方左頸部或左耳門，重創之。（圖7-47）

圖 7-47

二十二、仙手排雲

1. 我方上步進身，用騰身右箭腿彈踢敵方面部。敵方被逼仰身避踢。（圖 7-48）

2. 左腳先落地，右腳向前踏落，雙掌順勢發力推撞敵胸，將其擊躺在地。（圖 7-49）

圖 7-48

圖 7-49

二十三、黃鶯卸甲

1. 敵方右進步，右拳擊打我方胸部。我方右腳退半步，成左弓步，同時，雙掌合十，向下阻截敵方右拳。（圖7-50）

圖 7-50

2. 隨即，右腳向前上進一步，跨入敵方洪門，同時，左肘向前掃頂敵方右腋部或頭右側，重創之。（圖7-51）

二十四、鷂子翻身

1. 我方右腳上步進身，以左低鞭腿掃踢敵方左小

圖7-51

圖7-52

腿內側。敵方退右步，提左腳，避過我方左腿。（圖
7-52）

2. 我方左腳略左擺收，右腳乘勢蹬地騰身，向左旋踢敵方後腦，將其踢傷而頓仆。（圖7-53）

圖7-53

歡迎至本公司購買書籍

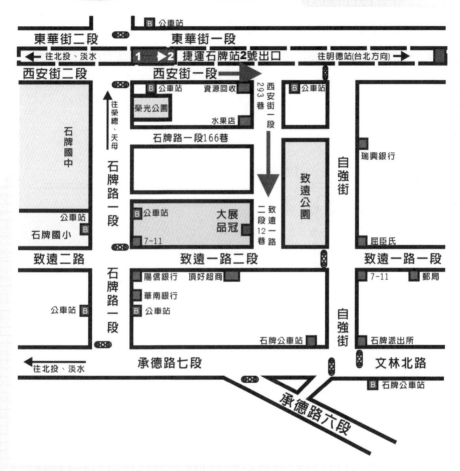

建議路線

1. 搭乘捷運・公車

　　淡水線石牌站下車，由石牌捷運站2號出口出站(出站後靠右邊)，沿著捷運高架往台北方向走(往明德站方向)，其街名為西安街，約走100公尺(勿超過紅綠燈)，由西安街一段293巷進來(巷口有一公車站牌，站名為自強街口)，本公司位於致遠公園對面。搭公車者請於石牌站(石牌派出所)下車，走進自強街，遇致遠路口左轉，右手邊第一條巷子即為本社位置。

2. 自行開車或騎車

　　由承德路接石牌路，看到陽信銀行右轉，此條即為致遠一路二段，在遇到自強街(紅綠燈)前的巷子(致遠公園)左轉，即可看到本公司招牌。

國家圖書館出版品預行編目資料

武松拳譜秘本／陳正裕　金俶生　原著　三武組　整理
——初版，——臺北市，大展，2019〔民108.12〕
面；21公分 ——（武術秘本圖解；5）
ISBN 978－986－346－276－7（平裝）

1. 拳術

528.972　　　　　　　　　　　　　　108017156

武松拳譜秘本

原　　著／陳 正 裕　金 俶 生
整　　理／三 武 組
責任編輯／何 宗 華
發 行 人／蔡 森 明
出 版 者／大展出版社有限公司
社　　址／台北市北投區（石牌）致遠一路2段12巷1號
電　　話／（02）28236031・28236033・28233123
傳　　眞／（02）28272069
郵政劃撥／01669551
網　　址／www.dah-jaan.com.tw
E－mail／service@dah-jaan.com.tw
登 記 證／局版臺業字第2171號
承 印 者／傳興印刷有限公司
裝　　訂／眾友企業公司
排 版 者／弘益電腦排版有限公司
授 權 者／安徽科學技術出版社
初版1刷／2019年（民108）12月

定 價／300元

大展好書　好書大展
品嘗好書　冠群可期

大展好書　好書大展

品嘗好書　冠群可期